合作企业

校企合作系列教材

电子商务供应链管理

主　编　孙天慧　杜双双

副主编　朱才彬　刘　涛

上海交通大学出版社
SHANGHAI JIAO TONG UNIVERSITY PRESS

内容提要

本书全面深入地剖析了电子商务供应链管理的各个方面,涉及供应链需求预测、采购与分析、供应商管理、库存管理、物流配送与管理、成本管理、信息技术管理、风险管理等内容,使读者充分了解并掌握电子商务供应链管理的理论知识和操作技巧。本书实用性和操作性强,适用于高职院校相关专业学生、供应链管理从业者等。

图书在版编目(CIP)数据

电子商务供应链管理/孙天慧,杜双双主编.
上海:上海交通大学出版社,2025.1.—ISBN 978 - 7 - 313 - 32014 - 8

Ⅰ.F713.36;F253

中国国家版本馆 CIP 数据核字第 20247JA868 号

电子商务供应链管理
DIANZI SHANGWU GONGYINGLIAN GUANLI

主 编:孙天慧 杜双双			
出版发行:上海交通大学出版社		地 址:上海市番禺路 951 号
邮政编码:200030		电 话:021 - 64071208
印 制:上海万卷印刷股份有限公司		经 销:全国新华书店
开 本:787mm×1092mm 1/16		印 张:12.25
字 数:273 千字		
版 次:2025 年 1 月第 1 版		印 次:2025 年 1 月第 1 次印刷
书 号:ISBN 978 - 7 - 313 - 32014 - 8		
定 价:58.00 元		

前　　言

　　电子商务的迅猛发展使供应链管理遇到了前所未有的挑战和机遇。电子商务供应链管理岗位,作为连接供应商、制造商、分销商和最终消费者的桥梁,扮演着至关重要的角色。从事这一岗位不仅要具备深厚的理论知识,还需掌握先进的技术工具,以应对市场的快速变化和多样化的客户需求。随着全球经济一体化的发展和信息技术的不断进步,电子商务供应链管理已成为企业提升竞争力、实现可持续发展的关键。

　　本书深入探讨了电子商务供应链管理的理论与实践,内容涵盖了从供应链基础认知到风险管理的九大核心领域,构建了一个立体的知识体系结构,旨在为读者提供一个全面、系统的学习框架。

　　本书内容及体系结构如下:

　　"项目1筑牢基石:剖析电子商务供应链"介绍了电子商务供应链的基本概念、流程和协同机制,为读者打下坚实的理论基础。

　　"项目2洞察趋势:需求预测"探讨了需求预测的原则、方法和工具,以及如何制订有效的销售计划。

　　"项目3价值驱动:供应链采购分析与评估"详细阐述了采购管理的目标、作业流程和绩效评估,以及如何优化采购流程。

　　"项目4合作共赢:供应商管理"分析了供应商的选择标准、绩效评估和管理策略,以建立和维护高效的供应链关系。

　　"项目5精度控制:库存管理"探讨了库存管理的基本概念、作业流程和优化方法,以及如何提高库存周转率。

　　"项目6协同动力:物流与配送管理"介绍了物流与配送管理的策略和逆向物流的实施,以及如何提升物流效率。

　　"项目7精打细算:成本管理"分析了供应链成本的构成、管理流程和核算方法,以实现成本控制和优化。

　　"项目8创新力量:信息技术管理"探讨了信息技术在供应链管理中的应用,以及如何构建高效的信息管理系统。

"项目9 防微杜渐：风险管理"主要涉及供应链风险的识别和评估，提出风险控制策略，以增强供应链的韧性。

本书主要具有以下特色：

1. 实践导向：案例驱动的学习体验

本书的一个显著特色是以实践为导向。每个项目不仅介绍了理论知识，还特别设计了与理论紧密相关的实践应用案例，使得抽象的概念和理论在实际业务场景中得到具体体现，从而增强了实用性和针对性。通过分析和解决实际问题，读者能够更深刻地理解供应链管理的动态性和复杂性，提高解决实际问题的能力。

2. 内容系统全面：构建完整的知识体系

本书构建了一个系统全面的知识体系，从基础概念到高级策略，从理论框架到实际操作，有助于读者逐步建立起对电子商务供应链管理的全面认识。从供应链的每一个环节到整体的协同运作，无论是初学者还是有经验的专业人士，都能在本书中找到适合自己的内容。

3. 融合前沿技术：强调信息技术的应用

在数字化时代，信息技术在供应链管理中扮演着至关重要的角色。本书特别强调了信息技术的重要性，并详细介绍了多种前沿技术在供应链管理中的应用，如企业资源规划（ERP）、仓库管理系统（WMS）、运输管理系统（TMS）等。这些技术不仅提高了供应链的效率和响应速度，还增强了供应链的透明度和可预测性。通过学习这些技术，读者能够了解如何利用现代技术优化供应链流程，提升企业的竞争力。

综上所述，本书不仅适合作为高等院校电子商务、物流管理等专业的教材，也适合企业供应链管理人员参考，以提升其专业能力和管理水平。

孙天慧负责本书的结构安排和最后统稿，项目1、项目2由孙天慧编写，项目3、项目4、项目5、项目6由杜双双编写，项目7、项目8由朱才彬编写，项目9由刘涛编写。

受作者水平和时间所限，本书难免存在疏漏和不当之处，敬请指正。

Contents

目　　录

项目 **1**

筑牢基石：剖析电子商务供应链

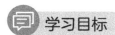 **项目导论**

随着信息技术的快速发展，特别是互联网、大数据、云计算、物联网、人工智能等技术的普及与应用，电子商务供应链的数据处理的速度和效率得到显著提升，供应链各环节实现了信息的即时共享。此外，随着人们生活水平的提高和消费观念的转变，消费者对产品的需求不再局限于基本的功能和品质，更加注重个性化、定制化及快速响应。这种变化促使电子商务企业不断调整供应链策略，以满足市场多样化的需求，推动了供应链向更加灵活、敏捷的方向发展。

学习电子商务供应链的基本知识有助于更好地识别、分析和处理实际操作中的各种问题。

学习目标

知识目标

(1) 了解电子商务供应链的概念；

(2) 了解电子商务供应链的流程；

(3) 掌握电子商务供应链管理的主要策略；

(4) 掌握电子商务供应链分析的流程和方法。

能力目标

(1) 运用电子商务供应链分析的六个维度来评估供应链；

(2) 应用电子商务供应链流程分析的方法识别供应链中的问题和机会。

素养目标

基于科学原理并采用科学方法对复杂供应链管理问题进行研究，具备较强的调查能力、信息及资料的能力。

项目导入

某服饰平台打造电子商务供应链

××云链是一个专注于时尚服饰的电子商务平台，其通过不断地改革创新，构建了全球供应商网络。

1. 供应商管理

××云链的供应商管理体系以数字化平台为核心,通过智能评分系统评估供应商的交货准时率、产品质量、创新能力及环保标准,确保合作供应商能够达到标准。同时,采用区块链技术记录交易信息,增强供应链透明度,降低欺诈风险。平台定期举办供应商培训与交流会,促进信息共享,共同提升供应链的效率与响应速度。

2. 采购与库存管理

为了减少库存积压,××云链利用大数据技术分析预测采购需求,通过分析季节性需求趋势和消费者偏好等数据,制订并实施更为精准的采购计划。此外,平台还与供应商建立准时制(Just-In-Time,JIT)库存管理系统,确保畅销品不断货,滞销品得到快速处理。平台还通过完善智能仓库管理系统,实时监控库存,实现货物自动化分拣与包装,有效提高仓储作业效率,降低分拣错误率。

3. 物流配送体系

××云链构建了由自建物流中心、合作第三方物流及智能快递柜网络等组成的多层次物流配送体系。平台还引进最新的 AI 算法,以优化配送路线,缩短配送时间,降低成本。同时,为了提升顾客满意度,推出"次日达""定时达"等送达时间选项,顾客可以有更个性化的选择。此外,平台还开发了物流追踪系统,以便顾客实时查看订单状态,增强透明度和顾客对平台的信任度。

4. 订单处理系统

××云链订单处理系统采用先进的云计算技术,确保高并发处理能力,实现订单自动分配、状态跟踪、支付验证等功能。更加智能的机器人客服,与人工客服配合,快速响应顾客咨询,处理订单问题。此外平台还引进了智能推荐算法,这种算法可以根据顾客购买记录和浏览记录,推送个性化的商品信息,可以有效提升转化率。

5. 售后服务与退换货流程

平台建立了便捷的售后服务体系,支持 7 天无理由退换货,并提供运费险,顾客可以在规定的时间内轻松发起退换货申请,系统收到申请后自动审核并提供退换货地址和物流信息,可以减少下单前的顾虑和购买后的投诉。此外,平台还建立了专业的售后团队,不断提升客服的服务水平,力争快速处理顾客反馈与投诉,提升顾客满意度和忠诚度。

6. 数据分析与预测

平台不断强化数据分析能力,通过收集和分析销售数据、顾客行为数据、市场趋势信息等,运用机器学习算法进行销售预测、库存预警、顾客画像构建等。这些数据可以帮助公司制定精准的市场策略、产品开发和营销策略,优化供应链管理,提升整体运营效率。

7. 信息化建设

平台注重信息化建设,构建了统一的企业资源计划(Enterprise Resource Planning,ERP)系统,整合了采购、库存、销售、财务等各环节的信息,实现了数据共享与业务流程自动化。同时,开发移动办公手机应用,支持员工随时随地处理工作事务,提升工作效率。

平台还对外开放应用程序编程接口（Application Programming Interface，API），与合作伙伴实现系统对接，促进供应链上下游的信息互通与协作。

8. 供应链安全控制

为了保障供应链安全，平台实施了严格的控制措施。采用加密技术保护客户数据和交易信息，防止数据泄露。建立供应链风险预警系统，实时监测供应链各环节的风险因素，如供应商风险、物流延误、质量问题等，并制定相应的应对措施。同时，加强员工安全培训，提升安全意识，共同维护供应链的安全稳定。

1.1　电子商务供应链的基本认识

电子商务供应链作为现代商业体系的重要组成部分，不仅重新定义了商品从生产到消费的全过程，还极大地促进了全球经济的互联互通，为全球经济注入新的活力。电子商务供应链的相关概念、流程等内容也是从业人员必须了解的基本知识。

1.1.1　电子商务供应链和电子商务供应链管理的概念

1. 定义

电子商务供应链作为供应链的一种特殊形式，全面采用信息技术和互联网技术来支持企业及其客户之间的交易活动，包括产品销售、客户服务、支付等。

供应链管理，是从供应链的整体目标出发，对供应链中采购、生产、销售各环节的商流、物流、信息流及资金流进行统一计划、组织、协调、控制的活动和过程。

2. 供应链的分类

按照供应链的驱动力，供应链分为拉式供应链和推式供应链。

拉式供应链以客户为中心，整个供应链的驱动力源于客户需求，不是根据预测的需求生产产品，而是根据实际的需求，也就是按订单生产、组装、配置产品。

推式供应链以制造商为核心，其根据产品的生产和库存情况有计划地把产品推销给客户，推式供应链的驱动力源于供应链上游制造商的生产。

大部分零售型电商企业的供应链是需求驱动的，B2B 和一些生产型企业则为订单驱动。

> **知识补丁**
>
> 从当前的电子商务发展形势来看，电子商务供应链将呈现以下趋势：一是更加注重可持续发展，推动绿色供应链建设；二是加速数字化转型，利用 AI、大数据等技术，实现供应链的智能化管理；三是加强供应链的韧性，提升应对突发事件的能力；四是深化全球化布局，促进跨境电子商务供应链的发展；五是推动供应链金融的普及与创新，为中小企业提供更多融资支持。

1.1.2 电子商务供应链的环节

电子商务供应链复杂而又精细,涵盖了从原材料采购到将最终产品交付给消费者的所有环节。

1. 计划

供应链计划的制订是整个流程的起点,也是整个流程的基础。这一环节的工作目标不仅仅是生产计划制订,还包括市场分析、销售预测、供应链策略规划。企业首先应通过市场调研和数据分析,了解市场需求、消费者偏好和竞争对手的情况,进而预测未来销售趋势;然后基于销售预测,制订详细的生产计划,包括产品种类、数量、生产周期等,并规划供应链的整体策略和资源配置。

2. 采购

采购是确保供应链顺畅运行的重要环节。企业根据生产计划制订采购计划,明确所需原材料、零部件的种类、数量和采购时间,确定好提供货品和服务的供应商,通过与供应商建立稳定的合作关系,实施有效的采购策略,与供应商建立一套定价、付款、运输和服务流程,确保原材料的质量和供应的及时性。同时,企业还需关注采购成本,通过谈判、招标等方式降低采购成本,提高采购效率。

3. 制造

生产制造是供应链管理的核心环节。在这一环节,企业按照生产计划,组织生产线,进行产品的生产制造,并通过采用先进的生产工艺和设备,提高生产效率和产品质量。同时,企业还需加强生产现场管理,确保生产安全和生产纪律,并安排产品测试、质检,做好打包等配送准备活动。在生产过程中,企业还需关注原材料和半成品的库存管理,避免浪费资源和占用资金。

4. 配送

配送,又可称为物流,是产品从生产地到消费者手中的关键环节。企业在这一环节,需选择合适的物流方式和运输工具,管理订单、收据,建立仓库网络,构建提货、送货的人员、车辆分配系统,建立计价、货款结算系统等,确保产品能够安全、快速地送达客户手中。同时,企业还需关注物流过程中的信息跟踪和客户服务,及时解决物流过程中出现的问题。如果企业没有自己的配送系统,也可以通过与专业物流公司建立稳定的合作关系,享受到更加优惠的价格和更加高效的服务。

5. 退货

在快速发展的电子商务领域,需根据客户需求,建立接收客户退回的商品的网络。退货管理作为供应链体系中不可或缺的一环,直接影响着客户满意度、商家信誉及运营效率。电子商务供应链中的退货环节是一个涉及多方、多步骤的复杂过程,电商平台、卖家及物流公司等各方需要紧密协作,才能提升客户体验和运营效率。退货环节的主要步骤如下:

1)用户申请退货

客户可因商品质量、商品尺寸、个人原因等,通过电商平台提供的退货页面或客服渠道发起退货申请。

客户需在平台填写退货原因、订单号、商品信息、联系方式等必要信息，还可能需上传图片作为凭证。有的电商平台提供上门取件服务，顾客授权后可获取订单信息，就可以省略一些填写信息的步骤，退货更加方便。

2）卖家审核申请

卖家应在规定时间内（如24小时内），依据平台规则及店铺政策，对退货申请进行审核，确认是否符合退货条件，确保快速响应。审核通过后，通过发送平台消息或邮件告知客户退货地址、注意事项及后续流程；若审核未通过，则需明确说明原因并提供解决方案。

3）协商退货事宜

运费支付方式：双方可协商决定运费支付方式，如是运费到付还是客户先行垫付运费等。一般在购物时可以选择购买运费险，或者领取商家赠送的运费险，也可以选择让电商平台上门取回商品，这样客户就省去了垫付运费或者自行寄件的麻烦。

退货期限：电商平台一般都会明确标示客户需在何时之前将商品寄回，避免因超时导致退货无效。

包装要求：电商平台的客服可以在收到退货申请时发送消息，提醒客户保持原包装完好，避免退回商品在运输过程中发生损坏。

4）用户寄回商品

电商平台一般都鼓励客户使用可追溯的物流方式寄回商品，便于双方监控物流状态。用户也可以授权平台获取订单信息，选择让平台提供上门服务，并可在平台上查询货物的物流状态。

卖家收到退回商品前，可通过物流信息确认商品是否已发出并预估大致到达时间，安排人员在收到退货时准备签收等。

5）仓库验收商品

商品检查：仓库在收到退回商品后，对商品进行仔细检查，确认商品状态、数量是否与客户描述一致及附件是否齐全。

记录存档：记录验收结果，包括商品状况、验收时间等，以备后续查询。

6）退款或换货处理

退款操作：如确认商品符合退货条件，则按原支付路径进行退款操作，确保客户及时收到退款。

换货流程：若客户选择换货，则根据客户需求重新发货，并跟踪物流状态。

7）后续收尾工作

数据分析：企业可以对退货原因、频率等数据进行统计分析，识别潜在问题，优化供应链管理。

客户反馈：通过问卷调查、客服回访等方式收集客户对退货服务的反馈，持续优化服务体验。

售后服务跟进：对于退货过程中出现的问题，如物流延误、退款未到账等，提供及时有效的解决方案；通过积极的售后服务，维护客户关系，提升客户忠诚度；根据客户对售后服务的反馈,不断优化退货流程,提升处理效率和客户满意度。

> **知识补丁**
>
> 需求预测是电子商务供应链管理中的关键决策依据。企业需通过收集和分析历史销售数据、市场趋势信息、消费者行为等数据资源,运用先进的预测方法和工具,对未来市场需求进行精准预测。基于需求预测结果,企业可以制定更加合理的生产计划、采购计划和库存策略等供应链管理决策,降低库存成本和风险,提高供应链的整体效率和竞争力。

1.1.3 电子商务供应链的内容

供应链作为电子商务的核心组成部分,直接关系企业的市场竞争力和客户满意度。一个完善的电子商务供应链体系涵盖从商业运营计划的制订到最终产品的运输与配送,以及供应链的协同合作。电子商务供应链的主要内容包括:商业运营计划、物流计划、物流仓储、物流运输和配送、供应链协同等方面。

1. 商业运营计划

商业运营计划是电子商务企业战略规划的核心,在电子商务运营计划中需要明确企业的市场定位、目标市场、产品与服务策略、营销策略、财务规划及风险应对策略等。企业可通过深入的市场调研和数据分析,制订符合自身实际情况和未来发展需求的运营计划,为供应链的后续环节提供方向和指导。

商业运营计划的关键要素包括:

(1)市场分析和定位:找准目标客户群体,分析竞争对手,明确市场切入点。

(2)产品与服务策略:规划产品线、设计差异化服务,满足客户需求。

(3)营销策略:制定营销推广方案,提高商品的市场份额和品牌知名度。

(4)财务规划:预测收入、成本、利润等财务指标,确保企业盈利能力。

2. 物流计划

物流计划是确保商品在生产企业与消费者之间顺畅流动的关键。它涉及物流网络的构建、物流资源的配置、物流成本的控制等多个方面,直接影响企业的运营效率和市场响应速度。

物流计划包括以下核心内容。

(1)物流网络规划:设置合理的仓储布局、配送线路和运输方式,减少物流成本和时间。

(2)物流资源配置:根据业务需求合理配置仓储、运输车辆及人员等资源,提高物流效率。

(3)物流信息系统建设:建立科学高效的物流信息平台,实现订单处理、库存管理、运输跟踪等环节的信息化和智能化。

3. 物流仓储

物流仓储是电子商务供应链中的重要环节,这一环节的主要任务是存储、保管和分发产品。现代物流仓储管理强调自动化、智能化和高效化,以应对快速变化的市场需求和消费者行为。

这一环节包括以下关键活动。

(1)控制库存:通过先进的库存管理系统,精确控制和优化库存水平。

(2)货物分拣与包装:采用自动化分拣系统和环保包装材料,提高分拣效率,降低物流成本。

(3)仓储安全与防护:加强仓储设施的安全防护措施,确保货物在存储过程中的安全性和完整性。

4. 物流运输和配送

物流运输和配送是连接生产者与消费者的桥梁,其效率和服务质量直接影响到客户的购物体验和满意度。随着电子商务行业的快速发展,如何快速、准确、经济地完成运输和配送成为企业面临的重要挑战。

优化物流运输和配送可以采取以下策略。

(1)选择最佳运输方式:根据货物特性、运输距离和成本等因素,选择最合适的运输方式,如快递、物流专线、空运等。

(2)优化配送网络:构建合理的配送网络,提高配送效率和覆盖范围。

(3)创新配送服务:提供多样化的配送服务,如预约送货、自提点提货等,满足不同客户的需求。

5. 供应链协同

供应链协同是指各企业之间通过信息共享、资源整合和流程优化等手段,实现供应链各环节的紧密衔接和高效运作。它有助于提升整个行业的竞争力和市场响应速度。

目前的发展趋势是利用云计算、大数据等现代信息技术,建立跨企业的供应链协同平台,实现信息共享和流程对接。另外,要与供应商、分销商等建立长期稳定的合作关系,通过互利共赢的合作模式,共同推动供应链的优化和升级。

综上所述,电子商务供应链的内容丰富而复杂,需要企业在商业运营计划、物流计划、物流仓储、物流运输和配送以及供应链协同等方面进行全面规划和优化,以实现供应链的整体高效运作和企业的可持续发展。

1.1.4 电子商务供应链的协同

电子商务供应链协同是一种多方面、多层次的协同。在当前,供应链的协同能力已成为电子商务企业提升竞争力的重要因素。

1. 信息共享

信息共享是电子商务供应链协同的基础。电子商务企业间可以通过建立统一的信息平台或利用云计算、大数据等技术手段,实时共享销售数据、库存状态、物流跟踪等关键信息。信息共享不仅能促进供应链的透明化,实现各个环节快速响应,还可以减少信息不对称带来的决策失误。例如,电商企业可以将实时销售数据反馈给供应商,供应商则据此调整生产计划,扩大畅销品的生产,控制滞销品的产量,确保产品供应与市场需求相匹配。

2. 协同决策

协同决策指的是电商企业通过跨部门、跨企业的沟通合作,共同制定供应链策略并同步执行。协同决策是提升供应链协同效能的重要手段,可以有效解决单一企业难以应对的复杂问题。协同决策强调多方参与,利用集体智慧,综合考虑市场需求、成本效益、风险控制等多方面因素,实现资源的最优配置。例如,在应对季节性需求波动时,供应链各方可以共同制定灵活的生产计划与库存策略,减少库存积压和缺货风险。

3. 库存管理协同

库存管理协同是供应链协同的重要环节。通过采用先进的库存管理系统,如供应商管理库存(Vendor Managed Inventory, VMI)、JIT 等,企业可以实现对库存的精准控制,降低库存成本,提高库存周转率。同时,供应链各方应加强协作,实施联合库存管理,共享库存信息,减少重复储备,提高整体库存效率。例如,零售商与供应商可以建立 VMI 机制,由供应商负责监控零售商的库存水平,并根据需求预测自动补货,从而实现库存的最优化管理。

4. 物流管理系统

电子商务供应链中的物流管理系统需要高度协同,通过优化物流网络布局、提升物流信息化水平、加强物流资源整合等方式,实现物流成本的降低和物流效率的提升。同时,各个电商企业可以积极探索智慧物流、绿色物流等新型物流模式,推动物流行业的可持续发展。例如,利用物联网技术实现货物的实时追踪与监控,利用大数据分析优化物流路径,减少运输时间和成本。

5. 供需间协同

供需间协同,是指电子商务供应链上下游企业之间(主要是供应商与电商企业以及物流公司之间)紧密合作,通过信息共享、需求预测、订单协同等手段,实现快速响应和柔性化生产。

供需企业间应建立 VMI 系统,允许供应商根据实际需求调整库存水平,减少库存积压和缺货的风险,但是这种调整的前提是及时共享信息。同时电商企业和供应商还可以基于历史数据和市场趋势,共同进行需求预测,提高预测准确性。另外,企业之间可以采用电子数据交换(Electronic Data Interchange, EDI)等技术手段,快速、准确处理电商订单。

6. 风险管理协同

做好风险管理工作是电子商务供应链稳定运行的重要保证。由于电子商务市场局势多变,电子商务企业比传统企业更容易面临市场需求波动、供应链中断、自然灾害等多种风险。为有效应对这些风险,电子商务企业应建立完善的风险管理机制,加强风险预警与监控,制定应急预案。同时,电子商务供应链各方应加强沟通与协作,共同抵御风险,实现风险共担与利益共享。例如,建立供应链金融服务平台,为各方提供融资支持,缓解资金压力；建立供应链保险机制，为各方提供保障。

1.2　电子商务供应链管理策略与分析

电子商务企业必须知悉供应链分析的目的，明确电子商务供应链分析的流程，从多个维度做好供应链分析，以及时发现问题、解决问题并持续改进。

1.2.1　电子商务供应链管理的主要策略

电子商务供应链的主要类型包括效率型供应链、响应性型供应链、避险型供应链以及敏捷供应链。

1. 效率型供应链

建立效率型供应链的核心目标是提高运营效率和降低成本。

效率型供应链主要有以下特点。

（1）流程优化：效率型供应链强调对采购、生产、配送、销售等各个环节的优化，通过减少不必要的环节，避免浪费时间，提高整体运营效率。

（2）提高协同效率：效率型供应链注重各节点之间的协同合作，通过信息共享、资源共享、技术共享等方式，提高整个供应链的协同效率。

（3）控制成本：严格控制原材料成本、制造成本、物流成本、销售成本等，通过优化资源配置、提高生产效率、降低运营成本等方式，实现成本的有效控制。

（4）高效运作：通过合理安排生产计划、优化库存管理、提高物流效率等方式，实现供应链的高效运转。

打造效率型供应链的方式包括：

（1）引入先进的技术和管理方法，如精益供应链管理、智慧供应链管理等。

（2）优化供应链布局，实现资源的最优配置和物流的高效运转。

（3）建立完善的供应链管理制度和流程。

（4）提高信息化水平，建立信息共享平台，实现供应链各节点之间的信息实时传递和共享。

（5）建立高效的物流体系，优化物流运作模式，提高物流效率，降低物流成本。

2. 响应型供应链

打造响应型供应链，侧重于实现供应链对市场需求的响应，快速响应市场变化和客户需求。

响应型供应链主要有以下特点。

（1）响应市场需求：能够快速调整生产计划、库存水平和配送策略，以满足市场的即时需求。

（2）保持灵活性：能够灵活应对各种市场变化和不确定性因素，如需求波动、供应中断等。

（3）以客户为中心：注重客户需求，关注市场动态，通过提供个性化、定制化的产品和服务，提高客户满意度。

响应型供应链的实现方式包括：

（1）建立敏捷的市场反应机制，实时监控市场需求变化。

（2）制订多元化的供应商策略，以应对潜在的供应风险。

（3）制订灵活的生产计划和库存控制策略，保持供应链的弹性。

（4）加强与客户的沟通和互动，深入了解客户需求和市场趋势。

3. 避险型供应链

避险型供应链有利于降低供应链风险，确保供应链的稳定性和可靠性。

避险型供应链主要有以下特点。

（1）风险评估：对供应链中的潜在风险进行全面评估，识别风险点和风险源。

（2）风险管理：制定风险应对策略和应急计划，以降低风险发生的概率和影响程度。

（3）多元化策略：通过供应商、物流渠道的多样化，分散供应链风险。

避险型供应链的实现方式包括：

（1）建立风险评估机制，定期排查和评估供应链风险。

（2）增加供应链的灵活性和适应性，提高信息共享和处理效率，减少风险。

（3）建立稳定的供应商合作关系，加强供应商的合作管理，提高供应商的可靠性和稳定性。

4. 敏捷供应链

敏捷供应链的特点是快速响应市场变化，提升竞争优势。

敏捷供应链可以通过优化流程、缩短决策周期和提高物流速度，实现快速响应市场变化和客户需求。它能够灵活应对供应中断、需求波动等各种不可预见的情况，并且注重供应链各节点之间的紧密合作和协同，通过信息共享、实时通信和协作决策，提高整个供应链的运作效率。同时，它鼓励创新，不断探索新的商业模式、技术应用和管理方法，以优化供应链流程并提高智能化水平。

敏捷供应链的实施策略如图1-1所示。

1	建立紧密的供应链协同，实现信息共享和资源整合	2	优化供应链流程，消除低效环节，提高供应链的灵活性和响应速度
3	引入大数据、人工智能等先进技术，提升供应链的智能化程度	4	培养敏捷文化，鼓励员工在工作中快速响应、灵活应对和持续改进

图1-1　敏捷供应链的实施策略

1.2.2　供应链分析的目的

供应链分析主要是围绕提高供应链的整体效能、降本增效、增强抗风险能力以及提升客户满意度等方面展开的。以下是供应链分析的具体目的。

1. 优化供应链流程

通过分析供应链中的各个环节,识别供应链中的薄弱或者问题环节,从而提出改进方案。

流程优化能够减少不必要的流程,缩短等待时间,提高供应链的响应速度和灵活性。

2. 提供更强的交付能力

通过分析供应链中的库存水平、生产能力、物流能力等关键要素,可以快速响应市场变化和客户需求,提高交付的可靠性和及时性,确保按时按量交付产品。另外,借助先进的预测和计划技术,如需求预测模型、生产计划系统等,可以提高交付的精准度。

3. 降低运营成本

通过供应链分析可以识别成本高昂的环节和因素,如高库存成本、低效运输、高昂的采购成本等,并在此基础上实施节约成本的措施,如优化库存管理,减少库存积压,引入竞争机制,降低采购成本,优化物流网络,减少运输成本等。此外,通过供应链分析提高供应链各环节的协同效率,可以减少浪费和重复劳动,进一步降低成本。

4. 增强风险管理能力

通过供应链分析还可以识别供应链中的潜在风险,如供应中断、需求波动、物流延误等,并进一步制定风险管理策略和应急计划,降低风险发生的概率和影响程度。

5. 提升客户满意度

通过供应链分析可以了解客户需求和市场趋势,提供符合市场需求的产品和服务,提高供应链的响应速度和灵活性,快速响应客户需求和市场变化,并可以借此提供高质量的产品和服务,确保客户满意度和忠诚度,最终不断改进和优化供应链,提升客户满意度和整体竞争力。

综上,供应链分析的目的在于通过全面的分析和评估,识别供应链中的问题,并采取有效的措施进行改进和优化。这些措施可以提高供应链的整体效能、降低成本、增强抗风险能力以及提升客户满意度,从而为企业创造更大的价值。

1.2.3 电子商务供应链分析

电子商务供应链分析可以从以下六个维度进行。

1. 供应商评估

供应商评估主要包括以下四个方面内容。

(1)价格水平:通过市场平均价格和市场最低价格来评估供应商的供货价格水平。

(2)产品品质:采用质量合格率、平均合格率、批退率及来料免检率等指标数据来评估产品质量。

(3)交货期:在十分注重效率的电子商务领域,供应商的交货关系电商企业的销售表现和信誉,因此供应链分析需要着重考察供应商的准时交货率和交货周期,确保供应链的稳定性和效率。

(4)服务水平:服务水平包括沟通手段、反馈时间、合作态度、售后服务等,以及供应商在支持、配合与服务方面的综合表现。

采购人员通常采用百分制对供应商进行评分,并可根据企业实际情况设置不同的权重。当前较先进的供应商考核系统还可能会考虑到供应商的支持服务、参与产品开发的表现等。

2. 库存管理分析

库存管理的分析方法和监控指标如表 1-1 所示。

表 1-1　库存管理的分析方法和监控指标

方法或指标		具体内容
分析方法	定量方法	ABC 分析法、经济订货量(economic order quality,EOQ)模型、稀缺性驱动库存分析法等,可以用于优化库存结构,减少库存成本
	定性方法	侧重于了解库存的原因,为复杂问题提供决策依据
监控指标	库存周转率	反映库存的流动性
	库存天数	库存维持的平均天数
	缺货率	衡量库存补充的及时性
	毛利率回报率	评估库存的盈利能力

3. 物流与运输

对于供应链中物流和运输的分析主要包括三项。

(1) 物流规划:包括运输方式选择、运输路线优化、物流跟踪等,以确保货物按时、安全地送达消费者手中。

(2) 物流服务质量:物流服务要快捷、高效,同时提供良好的售后服务,如货物追踪、异常处理、退换货等。

(3) 物流技术应用:物流科技如自动化分拣、智能仓储等,将进一步提升物流的效率和服务质量。

4. 需求管理

对于电子商务供应链的需求管理,主要应从需求预测、需求计划和需求监控这三个方面进行分析。

(1) 需求预测:企业可以通过分析历史销售数据、市场趋势等,预测未来短时间内的产品需求。

(2) 需求计划:根据需求预测的结果,制订采购、生产等计划,以确保供应链各环节的协调一致。

(3) 需求监控:在电子商务供应链分析中,还要实时监控各方面需求的变化,及时调整生产计划、库存策略等,以应对市场变化。

5. 成本管理

成本管理是电子商务供应链分析中的至关重要的一个环节。成本管理主要包括以下三个方面。

(1) 精细化成本核算:在成本管理中,可以将采购成本、运营成本、物流成本、售后服务成本等各个环节成本进行分项核算，了解成本构成和变动情况。

（2）成本控制：成本管理的目的和关键就是控制成本，在电子商务领域，可以通过优化供应链流程、降低物流成本、合理配置资源等措施，降低总成本。

（3）财务管理：电子商务各个企业不管规模大小，都需要从预算制定、成本控制、财务分析等方面逐步建立完善的财务管理体系，进行财务管理，确保企业财务稳健。

6. 风险管理

风险的识别、评估、防控是风险管理中环环相扣的环节，在电子商务供应链分析中也要注重从以下三个方面进行风险管理。

（1）风险识别：风险识别就是识别电子商务供应链中可能存在的风险点，如供应商风险、库存风险、物流风险等。

（2）风险评估：风险评估就是对风险进行量化评估，确定发生风险的可能性和风险的影响程度。在电子商务供应链分析过程中，需要根据行业特点，比如电子商务的销售旺季、促销时间段的库存压力、运输压力，不可避免的自然灾害等综合评估可能遇到的风险。

（3）风险防控：风险防控就是制定风险防范和控制措施，如多元化供应商策略、建立安全库存、购买保险等，以降低风险发生的可能性和影响。

总之，电子商务供应链的分析需要从多个维度进行，以确保供应链的稳定性、效率和盈利能力。

1.2.4　电子商务供应链分析的流程

为了确保电子商务供应链的高效运行，一个系统而全面的分析流程至关重要。以下是电子商务供应链分析的 8 个关键步骤，这些关键步骤有助于企业明确目标、发现问题、制定策略并持续改进。

1. 明确分析目标

电子商务供应链分析的第一步是明确分析的具体目标和范围。电子商务企业需要根据当前的业务需求、市场趋势及未来战略规划，设定清晰、可量化的供应链分析目标。这些目标可能涉及提高客户满意度、降低库存成本、缩短交货周期或增强供应链灵活性等方面。

2. 数据全面收集

在明确分析目标后，企业需要广泛收集相关数据。这些数据来源包括但不限于内部系统（如 ERP、WMS、TMS 等）、外部供应商、客户反馈、市场调研报告以及行业趋势分析等。在供应链分析中，确保收集到的数据全面、准确、及时至关重要，其可以为手续分析工作打下坚实基础。

3. 深度数据分析

在电子商务供应链流程分析中，可以利用统计学方法、数据挖掘技术和供应链管理软件等，对收集到的数据进行深入分析。数据内容可能包括库存周转率、订单履行率、运输成本、交货准时率等关键绩效指标。另外，可以采用对比分析、趋势预测和关联分析等分析方法，找出供应链中的潜在规律和问题。

4. 问题与机会识别

上述数据分析结果,有助于识别供应链中存在的具体问题和潜在机会。例如,对于电子商务企业,问题可能涉及库存积压、物流延误、供应商管理不善等方面;而机会则可能体现在市场需求变化、成本节约空间或技术创新应用等方面。准确识别问题与机会是制定有效改进策略的前提。

5. 制定实施策略

在识别出供应链的问题和机会后,需要设定目标、制订行动计划、制定资源配置策略和对预期成果进行预测等。同时需要确保制定出的策略具有可操作性、可衡量性和可达成性,并明确责任人和时间节点,以便后续跟踪执行。

6. 执行与监控进度

制定实施策略之后,需要按照既定策略执行改进措施,并实时监控实施进度和效果,建立有效的监控机制,确保各项措施能够按计划顺利进行。同时,及时调整策略以适应市场变化和内部需求调整。

7. 评估效果与反馈

在各项措施执行一段时间后,需要对改进效果进行全面评估。可以通过对比实施前后的关键指标的变化、客户满意度调查结果及内部运营效率提升情况等数据,客观评价改进效果。同时,收集各方反馈意见,了解改进措施的实际影响和改进空间。

8. 持续优化循环

在供应链分析的最后,要将评估结果和反馈意见纳入下一次供应链分析的流程中,形成持续优化的循环。通过不断回顾分析过程、总结经验教训、更新分析目标和数据收集范围等,可以确保供应链分析流程能够持续适应市场变化和企业发展需求,推动供应链管理水平不断提升和竞争力持续增强。

综上所述,供应链分析是一个系统性、持续性的过程,需要电子商务企业上下共同努力和配合。通过明确目标、全面收集数据、深度分析、识别问题与机会、制定实施策略、执行与监控进度、评估效果与反馈以及持续优化循环等步骤的有机结合,不断优化供应链运营流程,提升管理效率和客户满意度,从而在激烈的市场竞争中占据有利地位。

1.2.5 电子商务供应链分析的方法

高效、灵活的供应链管理系统是电子商务企业成功的关键要素之一。供应链的有效运作不仅能够降低成本、提高响应速度,还能显著提升客户满意度和市场竞争力。

1. 环节法分析

环节法分析,就是将电子商务供应链拆解为几个独立又相互关联的环节,如采购、生产、仓储、物流、销售等,并对每个环节进行详细评估与优化的分析方法。通过环节法分析,企业可以清晰地识别出供应链中的风险与机会,从而采取有针对性的措施进行改进。

1)采购环节

采购环节包括供应商选择、订单生成、物料接收等工作。在电子商务领域中,采购环节强调快速响应与成本控制,需要以稳定高效的供应商体系为基础,利用信息系统实现采购流程的自动化与透明化。

2)生产环节

生产环节应当关注生产计划制订、生产过程控制及质量控制。电子商务企业可通过引入柔性制造系统和智能制造技术,实现小批量、多品种的快速生产,满足市场个性化需求。

3)仓储环节

仓储管理是电子商务供应链的重要组成部分,仓储环节的管理工作包括库存控制、商品分拣、包装等。电子商务企业可以利用先进的仓储管理系统(如 WMS)和自动化设备,提高仓储效率,减少积压库存,降低物流成本。

4)物流环节

电子商务的物流环节涉及配送路线规划、包裹跟踪、客户签收等。电子商务企业需与多家物流公司合作,构建覆盖全国乃至全球的物流网络,提供快速准确的配送服务。

5)销售环节

电子商务企业可通过电子商务平台或自建网站展示商品,促进销售;利用大数据分析和 AI 技术,实现精准营销,提升转化率。

2. 推拉法分析

根据市场需求驱动模式的不同,可将供应链分为推式供应链和拉式供应链两种类型。推式供应链由生产者驱动,先生产后销售;而拉式供应链则由市场需求拉动,按订单生产。

1)推式供应链分析

推式供应链能够利用规模效应降低成本,减少缺货风险。但是缺点是易造成库存积压,对市场需求变化反应迟缓。这种供应链模式适用于标准化程度高、需求稳定的产品,如日常消费品。

2)拉式供应链分析

因为拉式供应链是市场需求拉动的,所以响应速度快、库存水平低,能够更好地满足个性化需求。但是由于小批量、多品种生产对成本控制的要求较高,供应链管理更加复杂,拉式供应链分析主要适用于个性化、定制化需求高的产品,如时尚服饰、电子产品等。

3)电子商务供应链的推拉法分析

在电子商务供应链分析中,往往需要将推式与拉式结合。例如,在前端的销售环节采用拉动式策略,根据客户需求或者市场需要定制产品或服务;在后端的生产、采购环节则适当采用推动式策略,以保证生产的连续性和规模效应。同时,通过信息化手段实现供应链的灵活调度与协同作业,以实现最佳的整体效能。

环节法分析与推拉法分析为电子商务供应链流程分析提供了全面的分析框架与优化思路。企业应结合自身业务特点与市场环境,灵活运用这两种方法,不断优化供应链管理流程,以提升运营效率和市场竞争力。

> **知识补丁**
>
> 　　柔性供应链是指能够敏捷、灵活和快速做出反应,以应对市场需求变化的供应链。柔性供应链能够灵活满足从小批量到大批量的各种生产需求,同时有效控制成本和质量。
>
> 　　柔性供应链的适应性强,能够快速响应市场变化和客户需求变化,调整生产计划和库存管理;通过灵活的生产计划和库存管理,避免库存积压和滞销,支持个性化定制和按需生产;还可以通过多元化的供应商和物流合作,建立风险管理机制,降低供应链的不确定性和风险。此外,柔性供应链强调供应链各环节之间的协同和合作,通过信息共享和协同决策,提高供应链的透明度和效率,并借助信息技术实现数据共享、实时跟踪和监控、预测和分析,提高供应链的智能化水平。

实践应用

　　某国际 B2C 快时尚电子商务公司专注于女性时尚服饰的设计、生产和销售。公司凭借独特的柔性供应链模式,迅速在全球市场崛起,成为时尚行业的佼佼者。其供应链的核心特点包括:

　　(1)采用小批量、多批次的生产模式,快速响应市场变化和客户需求。通过实时监控销售数据,快速识别热门款式和颜色,然后与供应商紧密合作,迅速调整生产计划并采购原材料,确保产品能够迅速上市并满足市场需求。例如,当某个款式突然成为热销款时,该公司可以在几天内增加生产量并在全球范围内完成补货,确保产品不断货。

　　(2)构建了一套贯穿于设计、采购、生产、销售、物流等各个环节的完善的数字化供应链管理体系,通过数据分析和预测,提高供应链的透明度和效率。

　　(3)在供应链协同方面,与上千家供应商建立了紧密的合作关系,通过信息共享和协同决策,实现供应链的协同优化。供应商可以根据该公司的需求快速调整生产计划,确保产品按时交付。

　　(4)在技术创新方面,不断引入先进的智能制造技术和设备,提高生产效率和产品质量。同时,通过自主研发和创新,不断推动供应链的升级和变革。

　　(5)支持个性化定制服务,客户可以根据自己的喜好选择款式、颜色、尺码等。该公司通过数字化管理工具将这些定制化需求快速传递给供应商和生产线。供应商根据订单信息进行生产,确保每个订单都能满足客户的个性化需求。

　　(6)在库存管理方面,通过小批量、多批次的生产模式和数字化管理手段,实现了库存的精细化管理。公司能够实时掌握库存情况并预测未来需求趋势,从而避免了库存积压和滞销。同时,通过与供应商建立紧密的合作关系和快速结款政策,确保供应链的稳定性和可靠性。

　　该公司成功采用的柔性供应链模式,不仅为公司自身带来了显著的成效,还推动了整个时尚服装产业的升级和变革。越来越多的本行业和其他行业的企业都开始关注和借鉴这种柔性供应链模式，并尝试进行类似的创新实践。

1.3　电子商务供应链管理人才需求

电子商务供应链管理人才一直比较紧缺，供应链管理从业人员要了解本行业的人才需求状况，对供应链管理岗位有清晰、科学的认知，才能更好地选择和走好职业生涯。

1.3.1　供应链管理人才需求的状况

在数字化转型的背景下，社会对供应链管理人才的需求保持持续增长。特别是在中国制造业向高端智能制造转型的过程中，芯片与半导体、医药及生命科学等行业对供应链管理人才的需求尤为迫切，制造业、零售业、物流业以及高科技行业的供应链管理人才需求仍然较强。同时随着数字化和智能化的推进，供应链管理人才需要具备更全面的技能，包括数据分析能力、沟通协调能力、风险管理能力以及技术应用能力等。

1. 人才概况

近三年来，供应链管理人才的需求呈现出稳定增长的趋势。根据招聘网站的数据，2024年供应链管理人才的需求相对稳定，并且有一定的增长趋势。

电子商务、人工智能、汽车零部件、汽车电子、能源等行业，对供应链管理人才的学历和技能有较高的要求。除了专业知识，供应链管理人才还需要扎实的商业基础知识，熟练掌握信息技术，尤其是数据处理分析工具，并保持对新技术的敏感。

供应链管理人才的薪资水平也相对较高。根据统计，供应链管理专员的月薪范围在$3\,000\sim30\,000$元，其中58.3%的岗位月薪为$4\,500\sim8\,000$元。在一些顶尖企业，具有丰富经验的供应链管理师的年薪可以达到数十万元人民币。

2. 供应链岗位类别

供应链管理岗位类别多样，主要包括以下几类：

（1）采购经理/主管：负责物料采购、供应商管理、价格谈判及采购流程管理等。

（2）物流经理/主管：负责物流计划、运输管理、仓库管理及库存控制等。

（3）计划经理/主管：负责生产计划、排程、物料需求计划及库存管理等。

（4）质量经理/主管：负责质量管理体系的建立和维护、质量控制及供应商质量管理等。

（5）供应链分析师：负责数据分析、业务分析及供应链优化等工作。

（6）供应链运营专家：负责供应链的流程建设、供应链运营质量管理及供应链的战略落地等。

3. 能力需求

供应链管理人才的能力需求，主要体现在以下几个方面：

（1）数据分析能力：随着大数据和人工智能技术的应用，供应链管理人员需要具备强大的数据分析能力,以便更好地进行市场预测、库存管理和供应商评估。

(2)沟通协调能力:供应链管理需要跨部门、跨企业的合作,因此良好的沟通协调能力是供应链管理人才必不可少的能力。

(3)风险管理能力:面对复杂多变的市场环境,供应链管理人员需要具备敏锐的洞察力和风险意识,以便及时发现并解决潜在的问题。

(4)技术应用能力:随着数字化转型的加速,供应链管理人员需要掌握相关的技术应用能力,如 ERP 系统、仓库管理系统(Warehouse Management system,WMS)等。

(5)持续学习能力:供应链管理领域不断发展和变化,因此持续的学习能力是供应链管理人才的重要素质之一。

1.3.2 供应链管理岗位认知

1. 供应链管理师的岗位职责

供应链管理师作为企业内部关键岗位之一,负责优化并管理整个供应链的运作流程,确保物料、信息及资金的顺畅流动,以实现降低成本、提升效率和增强客户满意度的目标。该职位需具备高度的全局观、敏锐的洞察力及强大的组织协调能力,以应对复杂多变的市场环境和业务需求。

供应链管理师的具体工作职责包括以下内容。

(1)供应链战略规划:参与制定公司供应链战略,包括供应商管理、物流网络布局、库存控制策略等,确保供应链策略与公司总体战略保持一致。

(2)供应商关系管理:负责供应商的筛选、评估、谈判与合同签署,建立和维护长期稳定的供应商关系,确保供应商能持续提供高质量、低成本的产品和服务。

(3)需求预测与计划制定:利用数据分析工具,对市场趋势和客户需求进行预测,制订科学合理的生产计划、采购计划和库存计划,减少过剩库存和缺货风险。

(4)库存管理:监控库存水平,运用先进的库存管理系统进行库存优化,在确保库存成本最小化的同时满足客户需求。

(5)物流管理:协调物流运输,优化物流路径和成本,确保产品按时、安全、经济地送达客户手中。

(6)风险管理:识别供应链中的潜在风险,如供应商违约、物流中断等,制定应对措施,确保供应链的稳定性和连续性。

(7)跨部门协作:与销售、生产、财务等部门紧密合作,确保供应链各环节的高效协同,解决供应链中出现的各种问题。

2. 岗位任务描述

(1)定期审查供应商绩效,提出改进建议。

(2)跟踪订单执行情况,解决订单履行过程中的问题。

(3)分析库存数据,调整库存策略以降低库存成本。

(4)监控物流运输情况,确保货物按时到达。

(5)参与跨部门会议,讨论供应链相关议题。

（6）主导供应链优化项目，如供应链数字化转型、库存管理模式改革等。

（7）实施供应商评审与整合计划，提升供应链整体竞争力。

（8）应对突发事件，如自然灾害、政治风险等导致的供应链中断，制定并执行应急预案。

> **知识补丁**
>
> 供应链管理师应当保持积极向上的工作态度，勇于担当责任，积极面对挑战；具备良好的团队合作精神，与同事保持良好的沟通协作关系；具有较强的抗压能力，能够在高强度的工作环境下保持冷静和高效。

思考与练习

1. 选择题

（1）电子商务供应链管理中，以下哪项不是供应链的基本流程？

　　A. 计划　　　　B. 采购　　　　C. 制造　　　　D. 销售　　　　E. 退货

（2）在电子商务供应链中，以下哪项不是供应链分析的维度？

　　A. 供应商评估　　　　　　　B. 库存管理分析

　　C. 物流与运输　　　　　　　D. 客户关系管理

　　E. 风险管理

2. 判断题

（1）电子商务供应链中的推式供应链主要是由生产型企业驱动的。

（2）敏捷供应链主要关注的是降低成本和提高效率。

3. 简答题

简述电子商务供应链管理中供应链协同的重要性。

项目 2

洞察趋势：需求预测

项目导论

供应链需求预测是电子商务企业进行战略规划与运营管理的核心环节。随着消费者偏好的快速变化、市场竞争的日益激烈以及技术创新的不断涌现，准确预测供应链需求成为企业保持竞争力、优化资源配置和降低运营成本的关键。然而，随着需求影响因素的复杂性和多样性不断增加，电子商务供应链需求预测的难度也比传统供应链更大。本章首先介绍电子商务供应链需求预测的定义、目的、类型、影响因素、方法、工具等基本知识，再详细讲解电子商务客户单分析的相关内容，最后回归到如何根据需求预测制订好电子商务销售计划，通过本章的学习可以为电子商务供应链的需求预测做好理论准备。

知识目标
（1）了解需求预测的定义和基本原则；
（2）了解需求预测的目的和基本类型；
（3）了解客户订单分析的要点；
（4）掌握电子商务销售流程；
（5）掌握供应链需求预测的因素；
（6）掌握 RFM 模型的概念。

能力目标
（1）运用需求预测的方法、工具和模型进行简单的电商企业需求预测；
（2）进行简单的电子商务客户订单分析；
（3）制订电子商务销售计划表。

素养目标
能够灵活运用相关的工具和模型，进行简单的电子商务需求预测，具备较强的调查能力、信息搜集能力及数据分析处理的能力。

项目导入

某主营家用电器销售的电商公司近年来在市场中表现出色，其产品涵盖了厨房电器、生活家电、个人护理家电等多个细分领域。公司 2024 年各季度的销量数据为：第一季度 230 万台；第二季度 270 万台；第三季度 310 万台；第四季度 350 万台。上一年度公司共进行了四次大型促销活动,分别在 3 月、6 月、9 月和 12 月,每次活动均带来了销量的显著提升。由于季节性变化,第一季度和第四季度通常销量较高,而第二季度和第三季度销量相对较低。公司预计下一年度将继续保持类似的促销活动频率和力度。

为了更好地制定下一年度的销售策略并进行资源分配,公司供应链管理部门经理决定运用一定的需求预测方法和模型对下一年度的销量进行预测。他按照数据预处理、模型建立、优化和预测的步骤,预测 2025 年各季度的销量为:第一季度 245 万台(考虑促销活动和市场趋势);第二季度 280 万台(季节性调整后的预期增长);第三季度 320 万台(市场稳定与促销活动的影响);第四季度 365 万台(季节性高峰与市场需求)。这一预测结果显示,下一年度公司家电产品的销量将继续保持增长趋势,但增速可能略有放缓。这可能与 2024 年市场竞争更加激烈、消费者需求变化等因素有关。因此,公司需要密切关注市场动态,及时调整销售策略,以更好地应对市场变化和挑战,实现销量的持续增长和市场份额的扩大。

思考:该公司的供应链部门经理可能运用哪一种需求预测方法或者模型来得出的上述数据,并如何进行实际操作的?

2.1　需 求 预 测

进行电子商务供应链的需求预测需要首先了解需求预测的定义和基本原则,明确需求预测的目的、类型,根据电子商务行业的需求模式和影响供应链需求预测的因素,选择适合本企业的需求预测方法、工具和模型。

2.1.1　需求预测的定义及基本原则

1. 定义

需求预测指的是根据历史销售数据、市场趋势、季节性变化、促销活动等多种因素,运用科学的方法和工具,对未来市场需求进行预测的过程。

供应链需求预测直接影响企业的库存水平、生产成本、交货周期以及客户满意度等方面,对企业的供应链管理至关重要。

2. 基本原则

为了确保预测的有效性和准确性,供应链需求预测应遵循以下基本原则:

1) 明确预测目标

在进行需求预测之前,必须清晰地定义预测的目标,包括预测的时间跨度(如季度、年度)、产品类型、销售区域以及销售量、库存需求等具体指标。

明确预测目标有助于聚焦资源,确保预测活动与企业战略目标保持一致,从而提高预测的有效性和针对性。

2) 整合供应链计划

整合供应链计划,就是将供应链需求预测与企业整体供应链计划(如生产计划、采购计划、库存策略等)保持协调配合。

整合供应链计划可以确保预测结果能够直接指导供应链的各个环节,提高供应链的协同效率和响应速度。

3) 识别影响因素

影响需求的因素包括市场需求变化、季节性波动、竞争态势、促销活动、政策法规等。深入分析、识别并理解这些影响因素,可以更准确地把握市场需求变化的趋势和规律,提高需求预测的准确性和前瞻性。

4) 选择合适方法

供应链需求预测要根据数据的特性和预测目标,选择适合的预测方法和技术。需求预测的方法包括时间序列分析、回归分析、机器学习等定量方法,以及专家判断、市场调研等定性方法。选择合适的预测方法能够提高预测的精度和效率,减少预测误差,为企业决策提供有力的支持。

5) 建立衡量标准

供应链需求预测要制定明确的需求预测效果衡量标准,如预测误差率、准确率、响应时间等。

建立恰当的衡量标准可以对预测结果进行有效评估和反馈,不断优化预测模型和流程,提高预测质量。

6) 持续监控与调整

持续监控与调整,即建立需求预测结果的持续监控机制,及时发现预测偏差并调整预测模型。

市场环境的变化和不确定性要求企业不断跟踪和评估预测结果,确保预测模型能够适应市场变化,保持预测的有效性和准确性。

7) 考虑数据质量

供应链需求预测需要确保数据来源可靠、准确、完整,因为数据质量直接影响预测的准确性。因此,企业应加强对数据的管理和质量控制,确保预测结果是基于高质量的数据基础的。

8) 注重团队合作

供应链需求预测离不开多部门的协作,包括销售、市场、生产、采购等。

通过建立跨部门的协作机制,企业可以共享信息、整合资源、协调行动,提高预测的效率和准确性。团队合作还有助于形成共同的愿景和目标,增强组织的凝聚力和执行力。

综上所述,供应链需求预测的基本原则涵盖了从预测目标设定到预测结果监控的各个方面。遵循这些原则,企业可以构建更加科学、高效的预测体系,为供应链管理提供有力支持。

2.1.2 需求预测的目的及类型

1. 电子商务供应链需求预测的目的

在竞争日趋激烈的电子商务行业,精准的需求预测能够帮助企业提前布局市场,在激

烈的市场竞争中占据先机,是企业成功的关键助力之一。电子商务供应链需求预测可以达到以下目的:

1) 优化库存管理

优化库存管理,是电子商务供应链需求预测的首要目的。通过准确预测未来一段时间内的销售趋势,企业可以合理规划库存水平,避免过度囤货导致的资金占用和库存成本上升,同时也能防止因库存不足而错失销售机会。优化库存管理能够显著提升企业的运营效率,减少库存积压风险,提高资金周转率。

2) 制定营销策略

基于需求预测的结果,企业能够更有针对性地制定营销策略。例如,在预测到某个季节或节假日期间某类商品需求量将大幅增加时,企业可以提前准备促销活动,调整价格策略,加强广告投放,从而有效刺激消费者购买欲望,提升销售业绩。同时,预测数据还能帮助识别潜在的市场趋势,为企业产品创新和品牌升级提供方向。

3) 提高客户满意度

准确的需求预测有助于企业保持稳定的商品供应,减少因缺货导致的客户不满。当企业能够快速响应市场变化,及时满足客户需求时,客户满意度自然提升。此外,通过预测数据分析客户需求变化,企业可以进一步优化产品线和服务流程,提供更加个性化、符合消费者偏好的产品和服务,进一步巩固客户关系。

4) 风险管理

在电子商务领域,市场波动、消费者偏好变化等因素都可能带来不确定性风险。通过需求预测,企业能够提前识别潜在风险,制定应对措施,降低经营风险。例如,在面对市场萎缩的预测时,企业可以及时调整生产计划,减少不必要的投入,以减轻损失。

5) 供应链协同

需求预测是供应链协同的基石。通过与供应商、分销商等合作伙伴共享预测数据,企业能够协调供应链各环节的资源配置,确保供应链的顺畅运作。这种协同合作不仅能够提升供应链的响应速度,还能有效降低物流成本,增强整个供应链的竞争力。

6) 资源配置

精准的需求预测有助于企业合理配置资源,包括人力、物力、财力等。通过预测数据,企业可以明确哪些业务领域或产品线需要更多的投入,哪些领域或产品线的投入可以适度缩减,从而实现资源的最优配置。这有助于企业提高整体运营效率,降低成本,提升盈利能力。

7) 成本控制

需求预测对于成本控制具有重要意义。通过预测数据,企业可以预见性地调整生产计划、采购计划和仓储计划,减少浪费和冗余。例如,在预测到销售量将下降时,企业可以根据情况调整生产规模,减少原材料采购量,从而降低生产成本。同时,精准的预测还能帮助企业减少因库存过多而产生的仓储和管理费用。

8) 提高市场竞争力

需求预测的最终目的是提高企业的市场竞争力。销售需求预测可以不断优化库存管理、制定有效的营销策略、加强风险管理和供应链协同、合理配置资源并有效控制成本,从而使企业在激烈的市场竞争中保持领先地位。同时,需求预测的相关数据可以帮助企业洞察市场趋势和消费者需求,抓住市场机遇,最终提高市场竞争力。

综上所述,电子商务销售需求预测在企业的运营管理中发挥着至关重要的作用。它不仅关系到企业的运营效率、成本控制和风险管理,更是企业能否提升市场竞争力、实现长期发展的重要决定因素。

2. 电子商务供应链需求预测的类型

需求预测根据预测时间可以分为大型促销预测和日常销售预测,这两种预测类型在方法选择、预测精度要求以及应用场景上存在一定的差异。

1) 大型促销预测

电商平台一年中最为关键的销售时期就是大型促销活动期间,如"双 11""618""年终大促"等,大型促销活动就是对这些促销活动期间的销量进行预测,其销量预测的准确性直接影响到库存管理、供应链优化、营销策略调整等多个方面。

大型促销活动的销量预测一般采用流量乘以转化率的算法。电子商务的商家在活动开始前就要监测商品的加购数、收藏数和竞品价格,活动开始后更加紧密关注峰值流量和实时转化率,对比预估值,及时调整策略。如果发现销量远超预期,就必须快速做出反应,紧急联系供应商,及时做好补货等相关准备。

进行大型促销预测可以采取如下方法:

(1) 历史数据分析:通过分析历年大型促销活动的销售数据,识别销售趋势的波动规律以及促销活动的历史效果,为当前促销活动的销量预测提供参考。

(2) 市场调研法:在大型促销前进行市场调研,了解消费者的购买意愿、偏好变化以及竞争对手的动态,从而更准确地预测市场需求和销售潜力。

(3) 竞争对手分析:密切关注竞争对手的促销策略和销售数据,分析其对市场的影响,以便制定更具针对性的销售策略,进行更准确的销量预测。

(4) 大数据分析法:利用大数据技术整合分析海量数据,包括用户行为数据、社交媒体数据、搜索数据等,结合机器学习、深度学习等算法,使销量预测更精准。

(5) 时间序列模型与机器学习模型:电子商务大型促销活动具有特殊性和复杂性,可以采用时间序列模型(如 Autoregressive Integrated Moving Average Model,ARIMA)和机器学习模型(如随机森林、梯度提升树)相结合的方法,以提高预测的准确性。

大型促销活动效率预测具有以下特点。

(1) 高波动性:大型促销活动的销量波动较大,需要采用更为复杂的预测模型和方法。

(2) 时效性高:预测结果需要具有较高的时效性,以便企业及时调整库存和营销策略。

(3) 数据驱动:预测过程高度依赖于数据,包括历史数据、市场调研数据和实时数据,数据收集好之后还要进行清洗和整合,进而预测流量和转化率。

2) 日常销售预测

日常销售预测就是对电商企业日常的销售数据进行预测,是电商企业日常运营的重要环节,其目标是保持稳定的库存水平和高效的供应链运作。

日常销售预测与上述大型促销预测的方法基本相同。日常销售预测具有以下特点。

（1）稳定：电子商务日常销售预测追求的是相对稳定和准确的预测结果，以便企业能够合理安排库存，制订供应链计划。

（2）连续：日常销售预测需要在企业的日常运营活动中持续进行，企业需要根据预测结果随时调整运营策略以应对市场变化。

（3）灵活：在日常销售预测过程中，企业可以根据实际情况灵活选择和调整预测方法，以适应不同的销售场景和需求。

综上所述，大型促销预测和日常销售预测在电子商务企业运营中不可或缺，需要根据销售周期灵活应用。企业应根据实际情况和需求选择合适的预测方法，以提高预测的准确性和可靠性。

> **知识补丁**
>
> 有些电商平台在商家的后台提供一些基础的数据分析功能，商家也可以自行选择购买第三方的数据分析工具。

2.1.3　电子商务行业的需求模式

在电子商务行业，需求可以分为稳态需求、趋势性需求、周期性/季节性需求和无规律需求等模式。

1. 稳态需求

稳态需求，也称水平需求，一般是在企业有稳定需求的成熟产品时呈现的需求特征。呈现这种需求模式的产品或服务已经处于成熟阶段，其市场需求长时间保持比较平稳的状态，不受时间或其他外部因素的影响。

2. 趋势性需求

趋势性需求一般表现为整体上保持增长、下降或持平的趋势。呈现这种需求模式的产品或服务可能处于生命周期的早期或晚期，其需求在一段时间内保持相对稳定的状态，不会出现较大的上下波动，总体趋势可能是增长的或下降的。

对于趋势性需求模式，需求在不同时间点的连续变化，通常可用直线（或接近直线的曲线）表示，直线呈现上升趋势表示需求增长，下降趋势表示需求减少，持平趋势则表示需求稳定（如图2-1所示）。正因为这种需求模式关注的是长期内而不是短期内总体趋势的变化，所以图中一般不会显示具体的波动变化。

3. 周期性/季节性需求

周期性/季节性需求，指的是一定周期，通常是一年内可预测的重复性需求，这时需求通常在一个周期内（如季度、年度等）具有一定规律性的变化。例如，夏季对冷饮的需求高于冬季，而在某些节假日或特殊活动期间，对于某些特定产品的需求也会呈现周期性变化。而这种变化在第二年、第三年也会同样发生。需要注意的是，季节性需求不限于年度或者季度，在一个月、一周、一日、甚至一小时之内，也能看出周期性的需求变化。

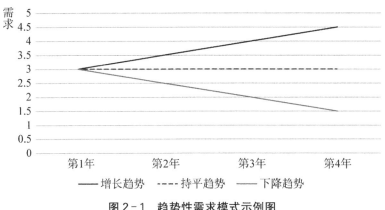

图 2-1　趋势性需求模式示例图

图 2-2 中的横坐标表示季度，4 个季度为一年；纵坐标代表需求。由图 2-2 可知，每年的第一季度需求最低，而到了第三季度，需求攀升到峰值。

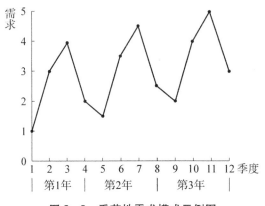

图 2-2　季节性需求模式示例图

4. 无规律需求

无规律需求是季节性、周期性和趋势性需求以外的需求变化，一般是没有规律或模式可循的需求变化，呈现这种趋势可能是由于市场变化、消费者偏好的转变等，也可能是由于没有规律的偶发性事件。偶发性事件可能是由于客户购买时间、购买地点和购买数量的变化而引起的。例如，某顾客一直习惯在某个时间在某电商平台的某一个商家买一些生活用品，但是由于突然外出度假而暂时停止购买，就可能会导致无规律的需求变化。

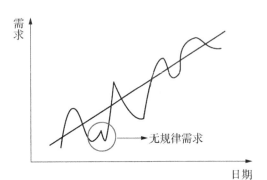

图 2-3　无规律需求模式示例图

如图 2-3 所示，纵轴为需求，横轴代表日期，直线表示趋势性需求变化，曲线表示实际需求变化，在实际需求变化的曲线里，圈里这一段就表示无规律变化，它与整体需求变化曲线相比呈现出明显的无规律性。

2.1.4　影响供应链需求预测的因素

供应链需求预测是供应链管理中的关键环节，在预测供应链需求的过程中需要考虑以下因素。

1. 市场需求

主要可以根据本企业的历史销售数据以及当前市场趋势来分析判断市场需求。

1）历史销售数据

历史销售数据是预测未来需求的基础，通过对过去销售趋势的分析，可以识别出季节性、周期性以及长期趋势。

2）市场趋势

关注市场动态，了解消费者需求的变化、新兴市场的兴起以及行业发展趋势，有利于及时调整预测模型。

2. 用户行为

供应链管理人员需要根据用户画像和用户行为分析的结果进行供应链需求预测。

1）用户画像

在电子商务领域，企业必须学会构建用户画像，根据本企业用户的年龄、性别、地域、职业、家庭情况、消费习惯等构建基本的用户画像，才能更好地预测供应链需求。

2）用户行为分析

在电子商务领域，通过分析用户在平台上的浏览、搜索、收藏、购买等行为，可以大概预测用户未来的购买意向。

3. 内部因素

在进行供应链需求预测时，需要考虑现有库存量以及未来补货计划，对应供应商的产能，供应商的稳定性，物流运输的可靠性、准时性等。

4. 竞争环境

电子商务企业的供应链需求预测需要考虑到竞品的产品定价，竞品企业的促销策略等，关注竞争对手的产品定价、促销活动等策略，因为竞争企业的这些变动可能会影响作为竞品的本企业商品的销量和需求。

此外，企业还需要经常分析本企业和竞争企业在市场中的份额变化，以预测未来市场的竞争格局。

5. 外部宏观环境

外部的宏观经济情况的变化，如经济增长率、通货膨胀率、汇率等指标，以及国家相关政策法规，如税收政策、贸易政策等，都可能对市场产生较大影响，从而影响供应链需求。供应链需求预测需要关注和评估这些因素的影响。

综上所述，供应链需求预测是一个复杂的过程，需要考虑多方面的因素。通过综合运用这些因素，企业可以制订更加准确和有效的供应链计划，提高运营效率和市场竞争力。

2.1.5 需求预测的方法

需求预测的方法分为定性预测与定量预测两种。

1. 定性预测

定性预测主要起到判断的作用,具体的方法包括历史类推法、专家意见法和德尔菲法。由于定性预测的方法在实际操作中更多依赖于预测人员的经验和主观判断,所以其得不出准确的数据,主要适合企业的数据不充分或市场变化较快的情况。

1)历史类推法

历史类推法指的是根据事物发展的类似性原理,以主观判断为基础,通过过去发生的类似事件来预测未来趋势的方法。例如,企业在新产品上市前进行需求预测时,通过类似产品过去的销售情况来推测新产品的未来需求趋势。然而,由于历史事件和预测事件不可能完全相似,历史情况和当前情况也会有各种差异,因此历史类推法具有一定的局限性,并不能保证预测结果准确。

2)专家意见法

专家意见法指的是通过借助具有专业知识和经验的人员的意见来进行预测的方法。这些专家可以为执行管理层、销售人员、市场分析员、营销委员会等。他们可以根据过往经验、自己的专业知识和实际销售差异进行分析和判断,做出预测。专家意见法既可以用于独立预测,也可以用于调整定量预测的结果,使预测更加符合实际市场需求。

3)德尔菲法

德尔菲法,又称专家小组法,是一种通过匿名方式反复征询专家意见,并经过多次反馈和调整来获得预测结果的方法。德尔菲法主要包括以下实施步骤。

(1)拟定意见征询表:根据需求预测的目的和要求,列出需要调查了解的问题。

(2)选定征询对象:选择适合的专家,对于专家的人数需要进行测算以保证合理。

(3)反复征询专家意见:通过书信或电子邮件等方式向专家寄送意见征询表,并请专家在规定时间内寄回结果。然后将专家的意见进行整理、归纳和统计,并将结果反馈给专家,请他们重新考虑并发表新的意见。这个征询和反馈的过程可以重复,直到专家们的意见趋向一致,可以得出最终的结论。

德尔菲法可以避免面对面会议中的权威影响和人际关系因素的干扰,参与的专家可以更自由地表达意见,使得预测结果更加真实科学。同时,经过专家的多次反馈和调整,最终的预测结果将更加准确可靠。然而,这种方法也具有一些缺点,如需要组织者花费较多的时间和精力来主导整个过程。

以上为供应链需求预测中常用的定性预测方法,它们各有优缺点,企业可以根据自身情况和需求选择合适的方法。在实际应用中,也可以将定性预测方法与定量预测方法相结合,以提高预测的准确性和效率。

2. 定量预测

定量预测主要是将以往的历史数据带入公式进行数字化的运算,对未来的供应链需求趋势做出预测,定量预测主要有内部型预测和外部型预测两种不同的策略。

1) 内部型预测

内部型预测主要根据企业内部的历史数据和信息,如历史销售记录、库存水平、生产能力、订单趋势等,来预测其对需求的影响。

常见的内部型预测方法包括时间序列分析法、因果模型法,具体内容将在2.1.7中论述。

2) 外部型预测

外部型预测侧重于分析外部环境因素对需求的影响,这些外部因素可能包括宏观经济环境、行业趋势、消费者行为、竞争者的动态等。外部型预测决定了企业如何根据实际市场情况变化调整运营策略,对于企业长远发展至关重要。但是由于这些外部因素往往不是企业所能控制和预料的,所以预测难度较大。

常见的外部型预测方法包括:

(1) 经济指标分析:通过分析宏观经济指标(如GDP增长率、通货膨胀率、失业率等)来预测整个经济环境对需求的影响。

(2) 市场调研:通过问卷调查、访谈、小组讨论等各种调研方式,收集目标市场的消费者偏好、购买意愿等信息,以预测需求的变化趋势。

(3) 竞争情报分析:监测和分析竞争对手的市场策略、产品特性、价格定位、营销活动等,以预测市场竞争格局和消费者行为的变化,以及其对需求的影响。

在实际中,企业通常会综合运用内部型预测和外部型预测方法来制订更全面的需求预测计划。内部型预测提供了基于企业自有数据的准确预测,而外部型预测则帮助企业了解市场环境和竞争对手的变化趋势。同时,这两种预测方法在使用过程中都需要不断地进行验证和调整,以确保预测结果的准确性和可靠性。

3. 定性预测和定量预测的对比

定性预测和定量预测的对比如表2-1所示。

表2-1 定性预测和定量预测

项目	定性预测	定量预测
预测的依据	主要依赖于专家和相关人员的专业知识、意见、经验和直觉	主要依据客观的历史数据及相关信息,通过统计分析技术建立数学模型
适用场景	适用于缺乏历史数据或者数据不太可靠的情形,如新产品刚推出,市场环境或国家政策出现较大变化	适用于数据较为丰富且相对准确的情形,且预测对象比较明确、便于测算,如市场趋势预测、产品销售预测等
优点	注重主观判断,对需求的整体趋势预测较为准确,可以充分发挥专业人员的主观能动作用,应用灵活,简单迅速且节省时间和成本	偏重数据的运算,测算的数据资料和公式以及测算过程较为客观,能保证结果比较客观,能得出具体的数字结果
缺点	可能会受到做出判断的人的知识、经验、能力的限制和影响,无法给出精准的数据结果	预测过程比较机械,不能灵活随意调整,同时对预测所依据的数据资料的质量要求较高

2.1.6 需求预测的工具

供应链需求预测的工具有很多,其中使用较为广泛的主要还是 Streamline、SAP 和 Excel 等。

1. Streamline

Streamline 是一款专注于需求和销量预测的软件工具,它提供了丰富的预测功能和分析能力。Streamline 的优点是能够处理复杂的销售数据,通过消除预购峰值、调整缺货和假期影响等方法来优化预测结果。它采用的时间序列模型,可以结合季节系数和调整系数来更准确地预测未来的需求。此外,Streamline 还具备强大的可视化能力,能够将预测结果以图表和表格的形式直观展示,便于用户理解和分析。

Streamline 平台还宣称能有效减少企业缺货 98%,减少超额库存 50%,减少花费在预测、计划和订购上的时间 90%。但是一些完整的功能需要付费才能使用。

2. SAP

SAP 是一款典型的供应链一体化管理系统,涵盖从产品设计、物料采购、制造执行到交付运维等各环节,企业可借助一揽子的供应链管理解决方案,打造具有敏捷性、高效性和可持续性的数字化供应链平台。其提供的预测与补货解决方案可以结合历史销售数据、活动、天气、季节等多种因素自动计算未来需求,在供应链需求预测领域具有显著优势。它不仅能够提供精确的预测结果,还能够根据预测结果生成优化后的补货计划,帮助企业减少库存积压和缺货的风险。此外,SAP 还支持交互式管理,提高决策的效率和准确性。

3. Excel

Excel 作为微软推出的一款通用电子表格工具,在数据处理和分析方面具备强大的功能,也常被用于需求预测。Excel 能够覆盖大部分企业 90% 的业务场景,中小企业常用 Excel 进行需求预测、库存管理、订单管理等。用 Excel 进行需求预测的主要方法如表 2-2 所示。

表 2-2 用 Excel 进行需求预测的主要方法

函数预测法	图表预测法	预测工作表法
历史数据拟合	柱形图、折线图、散点图	函数与图表功能组合
线性预测(FORECAST 函数、TREND 函数)	添加趋势线	历史数据分析发展趋势
平滑指数预测(FORECAST. ETS 函数)	直接显示公式、相关系数	图表形式展现

Excel 提供了丰富的数据处理函数和图表工具,用户可以通过创建预测工作表来进行趋势预测和数据模型预测。在预测工作表中,用户可以选择合适的数据范围和预测模型,Excel 将自动根据输入的数据和模型生成预测结果。此外,Excel 还支持用户调整预测参数,如置信度水平、预测周期和季节性因素等,以获得更准确的预测结果。通过不断验证和调整预测模型,用户可以在 Excel 中不断优化预测结果,以满足实际需求。

2.1.7 需求预测的模型

1. 统计模型

1) 时间序列分析

时间序列分析就是在给定的一个时间段内,按照固定的时间周期,如日、周、月、季度、年等,把某类数据依据时间顺序进行排列,进而分析未来的趋势。

(1) 移动平均预测法。移动平均预测法就是在市场需求相对平稳时,用最近的一组数据进行需求预测。通过分析历史销售数据随时间的变化趋势,可以预测前几期的平均数就是下一周期的预测量。用公式表示就是:

$$移动平均数 = \frac{\sum 前\, n\, 期需求总和}{n}$$

例如:如表 2-3 所示,计算出某公司 2023 年前面几个月的销量的平均数(即均值),就可以预测下月的销量。

表 2-3　某公司 2023 年每月的实际销量和下月预测销量

月份	实际销量/台	合计/台	均量/台	下月预测量/台
1	10	—	—	—
2	12	—	—	—
3	13	35	11.7	—
4	16	41	13.7	11.7
5	19	48	16.0	13.7
6	23	58	19.3	16.0
7	26	68	22.7	19.3
8	30	79	26.3	22.7
9	28	84	28.0	26.3
10	18	76	25.3	28.0
11	16	62	20.7	25.3
12	14	48	16.0	20.7

(2) 指数平滑法。指数平滑法通过求得的上一期的实际值和上一期的预测值的加权和,依次向前递推,可将所有期的历史数据加以考虑。基本公式:

$$F_{t+1} = aA_t + (1-a)F_t$$

式中,F_{t+1} 为 $t+1$ 期(下期)的指数平滑预测值;F_t 为 t 期(当前期)的指数平滑预测值;A_t 为 t 期(当前期)的实际值;a 为平滑系数($0 \leqslant a \leqslant 1$),其实际意义为当前期实际值的权重。

例如：在 1 月份，某汽车销售公司预计 2 月份某款汽车需求为 142 辆，实际需求为 153 辆，请用指数平滑法来预测 3 月份的需求，其中 $a=0.20$。则根据公式 $F_{t+1}=aA_t+(1-a)F_t$，3 月份需求 $=0.20\times153+(1-0.20)\times142=144.2$。即 3 月份对该款汽车的需求为 145 辆。

2）因果分析法

因果分析法就是通过回归分析等统计方法，分析企业内部因素（如价格、促销活动、广告投放等）与销售量、需求量之间的因果关系，以预测不同情境下的需求变化。因果关系模型中比较重要的是回归模型，特别是一元线性回归模型。

线性回归实际上就是将两个变量，一个变量作为方程中的自变量，另一个变量作为方程中的因变量，通过一个线性方程联系起来。如何确定自变量、因变量，需要根据经验、理论或研究需要来确定。

由于现实中的数据并不会像理论数学题一样完美呈现出一个一元线性方程的对应关系，而只是会像如图 2-4 所示的回归直线附近的点一样对应，因此不可能有一条直线通过所有点的。不过，线性回归的主要目标就在于确定回归直线（如图 2-4 所示），也就是找到最优的直线方程。已知的历史数据点到该直线的距离的平方和最小，即具有最小二乘解。

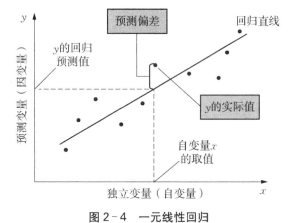

图 2-4 一元线性回归

用公式表示一元线性回归模型：

$$y=a+bx$$

公式中，y：预测变量，即因变量；

x：独立变量，即自变量；

b：直线斜率；

a：直线截距（$x=0$ 时 y 的值）。

根据历史数据及一元线性回归模型，得：

$$a=\frac{\sum y-b\sum x}{n}$$

$$b=\frac{n(\sum xy)-(\sum x)(\sum y)}{n(\sum x^2)-(\sum x)^2}$$

其中，n 为历史数据的个数。

独立变量与预测量之间的相关程度和方向可以通过相关系数 r 来表明：

$$r = \frac{n\left(\sum xy\right) - \left(\sum x\right)\left(\sum y\right)}{\sqrt{n\left(\sum x^2\right) - \left(\sum x\right)^2} \cdot \sqrt{n\left(\sum y^2\right) - \left(\sum y\right)^2}}$$

相关系数 r 的取值在 $-1.00 \sim +1.00$ 之间。相关系数的平方 r^2 说明了一个回归直线在多大程度上与已知数据相吻合。r^2 的取值在 $0.00 + 1.00$ 之间,r^2 愈接近 1.00,吻合程度越高。$r^2 \geqslant 0.80$,预测结果较可信;$r^2 \leqslant 0.25$,预测结果不可信;$0.25 < r^2 < 0.80$,预测结果可信度一般。

例如,某商品广告支出与当月销售量的回归预测分析如图 $2-4$ 所示。

表 $2-4$ 　某商品广告支出与当月销售量的回归预测分析

月份	销售量 y(万个)	广告支出 x(万元)	xy	x^2	y^2
1	264	2.5	660.0	6.25	69 696
2	116	1.3	150.8	1.69	13 456
3	165	1.4	231.0	1.96	27 225
4	101	1.0	101.0	1.00	10 201
5	209	2.0	418.0	4.00	43 681
总计	855	8.2	1 560.8	14.90	164 259

$a = -8.14, b = 109.23, y = -8.14 + 109.23x, r = 0.98, r^2 = 0.96$

已知 6 月份广告支出 $x = 1.75$,则 6 月份销售量预测为 $y = 183$。

2. 机器学习模型

在供应链需求预测中,机器学习模型扮演着至关重要的角色,它们能够基于历史数据和其他相关信息,对未来的需求进行预测。不同类型的机器学习模型在供应链需求预测中具有不同的优缺点。在实际应用中,企业可以根据自身的业务需求和数据特点选择合适的模型或组合模型来进行预测。

1) 线性模型

线性模型是通过拟合自变量(如历史销售量、促销活动等)与因变量(如未来需求量)之间的线性关系来进行预测的模型。

(1) 优缺点:线性模型具有直观的数学表达式,易于理解和解释。线性模型训练速度快,计算效率高,适用于大规模数据处理。但是线性模型对于复杂的非线性关系的预测效果可能不够理想。

(2) 适用场景:在供应链需求预测中,线性模型常用于处理较为简单的预测问题,特别是需求与影响因素之间呈现线性关系的情形。

2) 树模型

树模型是一种基于树形结构的预测模型,它通过一系列判断规则将数据集分割成不同的区域,并基于这些区域进行预测。在供应链需求预测中,常用的树模型包括决策树和随机森林。

（1）优缺点：树模型的预测过程可以通过树形图进行直观展示，比较直观易懂。树模型不需要对数据的分布做出假设，能够处理各种类型的数据。随机森林等集成学习方法通过构建多个决策树并进行投票，提高了模型的准确性。

但是，对于非常大的数据集，构建树模型可能需要较长的时间。特别是当需要构建多棵集成树时，计算成本可能会更高。此外，树模型的预测速度也可能比某些其他模型慢，特别是当"树"非常深或非常大时。

（2）适用场景：树模型在供应链需求预测中，能够处理多变量、非线性和复杂交互的关系。它们能够识别出影响需求的关键因素，并基于这些因素进行准确的预测。例如，决策树可以用于预测不同促销策略下的销售量，随机森林则可以在此基础上进一步提高预测的准确性。

3）Prophet 时间序列预测模型

Prophet 是由 Facebook 开源的，基于时间序列分解和机器学习拟合的一种预测模型。Prophet 模型将时间序列分解为趋势项、季节项和节假日项，并分别进行建模和预测。

（1）优缺点：Prophet 模型能够处理多种类型的时间序列数据，包括具有季节性、趋势性和节假日效应的数据等，用户可以根据实际需求调整模型的参数，如趋势变化率、季节效应强度等。模型输出结果比较丰富，包括预测值、预测区间等，便于用户进行后续分析和决策。

但是 Prophet 时间序列预测模型无法直接处理多维协变的时间序列数据；此外，模型相对简单，其假设空间较为有限，因此在特征工程方面存在一定的限制；Prophet 模型在处理时间序列数据时，可能会受到极端值的影响。

（2）适用场景：Prophet 在供应链需求预测中特别适用于处理具有明显季节性和节假日效应的时间序列数据。它能够准确地预测未来一段时间内的需求趋势，帮助企业制订合理的生产计划和库存策略。

3. 深度学习模型

深度学习模型是一种复杂的机器学习模型，它通过构建多层的神经网络来模拟人脑的学习过程。在供应链需求预测中，常用的深度学习模型包括循环神经网络（Recurrent Neural Network，RNN）、长短期记忆网络（Long-Short Term Memory，LSTM）等。

（1）优缺点：深度学习模型能够处理高维、非线性和复杂交互关系的数据，并能够自动从数据中学习特征表示，无需人工投入。在复杂场景下，深度学习模型通常具有更高的预测精度。但是深度学习模型对数据要求较高，需要大量的高质量的数据来保证模型训练效果，同时还需要高性能计算机、大容量内存和高速存储器等硬件资源，而且深度模型的工作原理比较复杂、难以理解和解释，在医疗、金融等某些领域中的应用有限。

（2）适用场景：深度学习模型在供应链需求预测中，能够处理更加复杂和多变的需求模式。它们能够捕捉时间序列中的长期依赖关系，并基于这些关系进行准确的预测。例如，LSTM 模型可以用于预测长期的需求变化趋势，帮助企业进行战略性的供应链规划。

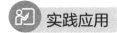

实践应用

小张是 A 集团的一位生产计划部门的业务员，M 款智能灯是集团的重点产品，但是 2020 年该产品的销量比往年有所下降。所以在 2020 年第四季度末，为了便于制订生产计划，计划部经理对小张下达如下任务：

（1）收集 2020 年度 A 集团 M 款智能灯的相关销售数据。

（2）对收集到的数据进行分类整理。

（3）以处理后的数据为基础，对 2021—2022 年 M 款智能灯每月的需求量进行预测。

小张根据收集来的数据，将 M 款智能灯 2016 年至 2020 年的销量整理如下（见图 2-5）。

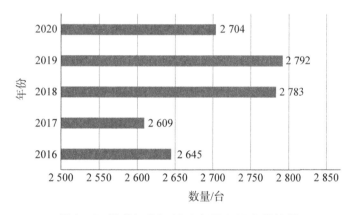

图 2-5　M 款智能灯 2016 年至 2020 年的销量

小张还运用 Excel 工具进行了销售预测，如表 2-5 所示。

表 2-5　用 Excel 工具根据 2016 年至 2020 年的销量预测 2021 年、2022 年销量

年份	自变量年份(x)	销售量(y)	调用的函数
2016	1	2 645	无
2017	2	2 609	无
2018	3	2 783	无
2019	4	2 792	无
2020	5	2 704	无
2021（预测）	6	2 796.9	调用的函数为"：=FORECAST(B8,C2:C6,B2:B6)"
		2 796.9	调用的函数为"：=TREND(C2:C6,B2:B6,B9)"
2022（预测）	7	2 827	调用的函数为"：=FORECAST(B9,C2:C7,B2:B7)"
		2 827	调用的函数为"：=TREND(C2:C7,B2:B7,B9)"

小张收集整理的 M 款智能灯 2016 年至 2020 年每个月的销量,以及根据这些数据预测的 2021 年、2022 年每月的销售数据如表 2-6 所示。

表 2-6 M 款智能灯 2016 年至 2020 年每月销量及 2021 年、2022 年每月销量预测

月份	2016 年	2017 年	2018 年	2019 年	2020 年	合计	占比值	2021 年	2022 年
1 月	201	187	211	215	210	1 024	0.076	212	215
2 月	205	196	210	225	223	1 059	0.078	219	221
3 月	235	195	214	230	204	1 078	0.080	223	226
4 月	243	246	208	214	244	1 155	0.085	239	240
5 月	250	266	276	276	274	1 342	0.099	277	280
6 月	234	228	269	261	246	1 238	0.091	256	257
7 月	256	257	265	250	237	1 265	0.093	261	263
8 月	231	233	253	248	267	1 232	0.091	255	257
9 月	229	227	244	229	212	1 141	0.084	236	237
10 月	185	188	202	221	211	1 007	0.074	208	209
11 月	187	195	221	209	188	1 000	0.074	207	209
12 月	189	191	210	214	188	992	0.073	205	206
合计	2 645	2 609	2 783	2 792	2 704	13 533	1	2 797	2 827

(以上 3 张表格所涉及的数据时间与所要求的时间不匹配,缺少具体文字表述,请修改及补充。)

2.2 客户订单分析

电子商务客户订单分析是每个电商从业者必须具备的技能。进行客户订单分析首先要了解电子商务订单的概念,能看懂实际的电商订单,其次需要明确客户关系管理的主要内容。

2.2.1 电子商务订单

1. 概念

电子商务订单指的是消费者在电子商务平台上选好商品并完成购买后,系统自动生成的一系列数据记录,其详细记载了交易各个环节产生的信息,包括买家信息、所购商品、交易金额、支付方式、配送要求等。电子商务订单是买卖双方互动的核心载体,是确保商品从卖家顺利流转至买家手中的重要凭证。

2. 电子商务订单的主要组成部分

虽然不同电商平台生成的订单存在差异,但是电子商务订单一般必须记载一些共同

的必要信息。

1）基本信息

基本信息通常包括买家的姓名、联系方式（如电话号码）、收货地址等，是确保商品能够准确送达买家手中的关键信息。

2）商品详情

订单的商品详情部分详细列出了商品的信息，如商品名称、规格、数量、单价、小计等。买家可以在此部分清晰看到自己购买的商品以及它们的详细规格，此部分也是处理纠纷的重要凭证。

3）交易金额

交易金额是订单的总价，总价通常基于商品详情中的单价和数量，可能还要扣除满减费用，加上税费、运费等其他费用。这部分信息对于买家确认购买成本和卖家进行财务核算都至关重要。

4）支付方式

支付方式记录了买家选择的支付渠道，如信用卡支付、第三方支付平台（如支付宝、微信支付）、银行转账等。不同支付方式具有不同的特点和安全保障措施。

5）订单状态

订单状态反映了订单的处理进度，如待支付、已支付、待发货、已发货、已完成、已取消等。买家和卖家都可以通过查看订单状态了解交易当前所处的阶段，及时采取相应的操作。

6）交付信息

交付信息包括预计发货时间、配送方式（如快递、自提）、配送进度等。这些信息有助于买家掌握商品的物流动态，提升购物体验。

7）订单管理

订单管理包括订单查询、修改、取消、退款等多种操作，可以确保信息查询、信息修改、纠纷处理等的准确性和高效性。

📖 **知识补丁**

电商平台一般都设置有"我的订单"选项，客户点击即可查看。电商卖家也可以在后台查询到每笔订单的信息。

2.2.2 客户关系管理

电子商务的客户关系管理不能局限于传统意义上的客户信息收集和关系维持，更需要基于电子商务数字化、智能化的特色，通过新的手段和方式，实现更高效、更精准的客户互动与服务。电子商务的客户关系管理主要包括以下内容。

1. 客户信息管理

客户信息管理是客户关系管理的基础，包括收集、整理、存储和更新客户的基本信息

(如姓名、地址、联系方式、购买记录等)及偏好数据。电子商务企业可以根据注册信息、购买行为、浏览历史等获取客户信息,并利用客户关系管理系统进行统一管理和分析,为后续的客户营销和服务提供数据支持。

2. 客户满意度管理

客户满意是企业成功的关键。为了提高客户满意度,电子商务企业可通过定期的客户满意度调查、在线评价反馈、客户服务热线等,及时了解客户需求和不满之处,并采取相应的改进措施。此外,还应关注产品质量、物流速度、售后服务等,确保客户在购买过程中以及买到产品后都获得了良好的体验,从而提升满意度。

3. 客户忠诚度管理

客户忠诚度是对企业的持续发展至关重要。电子商务企业可通过会员制度、积分兑换、个性化推荐、专享优惠等方式,增强客户的归属感和忠诚度。同时,分类管理客户,向高价值客户提供差异化服务,提升他们的复购率和推荐意愿。此外,在当前的电子商务环境下,培养自己的直播队伍,通过直播间互动增强与客户的联系进而提高客户忠诚度,也不容忽视。

4. 客户服务管理

优质的客户服务是提升客户满意度和忠诚度的重要手段。电子商务企业应构建多渠道的客户服务体系,包括在线客服、邮件回复、社交媒体互动等,确保客户的问题能够得到及时、有效的解决。

5. 数据挖掘与分析

数据是电子商务的核心资源。电商企业需运用数据挖掘和分析技术,对海量客户数据进行深入挖掘,发现潜在的市场趋势、客户需求和消费行为模式。这些数据分析结果可以帮助企业提供更加贴合客户实际需求的服务。

6. 营销策略制定

电子商务企业应当基于客户数据分析和市场洞察,制定更加精准、有效的营销策略,如个性化推荐、精准广告投放、社交媒体营销等。通过精准营销,企业可以更好地触达目标客户群体,提高转化率和客户满意度。

电子商务的客户关系管理是一个系统工程,企业需要从多个维度入手不断优化和完善,构建更加稳固的客户关系网络。

2.2.3 RFM 模型

1. RFM 模型的含义

RFM 模型是一种广泛应用于客户关系管理领域的数据分析模型,它通过以下三个关键指标来衡量客户的价值和消费潜力。

(1)最近一次消费的时间间隔(recency,R):时间越近,间隔越小,表明客户再次消费的概率越大,客户价值越高。

(2)消费频率(frequency,F):客户在一定时间段内的消费次数。F 值越大,表明客户忠诚度越高。

（3）消费金额（monetary，M）：客户在一定时间段内的消费总金额，消费金额越高，说明客户的购买力越强、忠诚度越高。

2. RFM 模型图

在 RFM 模型中，通常将 R、F、M 分别作为三维坐标系的 X、Y、Z 轴。再根据 R、F、M 这 3 个维度的变量对用户行为进行评分或评级，然后根据这三个变量的组合情况将客户划分为不同的类型，如重要价值客户、重要发展客户、重要保持客户等。通过计算每个客户的 R、F、M 值并将其映射到坐标系中，可以得到一个反映客户价值的三维散点图，RFM 模型图如图 2-6 所示。

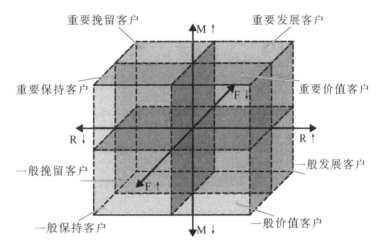

图 2-6　RFM 模型图

3. RFM 模型的基本原理

RFM 模型的基本原理就是通过 R、F、M 三个指标量化客户的消费行为数据，评估客户的价值并进行分类，从而为企业制定更加精准的营销策略、提升客户服务质量提供依据。

2.2.4　电子商务 RFM 客户类型标签

1. RFM 值评分

在电子商务交易中，企业可以对客户在 R、F、M 方面的表现进行评分。

电商企业可以根据产品价格、实际购买人数和购买频率选定一个评分依据。例如，消耗周期比较长的商品，如装饰品、餐具等，可以将 R、F、M 值的得分标准设置如表 2-7 所示。

表 2-7　消耗周期较长的商品的 R、F、M 评分示例

最近一次消费的时间间隔	R 值得分	消费频率	F 值得分	消费金额	M 值得分
90 天	5	购买 1 次	1	100 元以下	1
90～180 天	4	购买 2 次	2	100～200 元	2

(续表)

最近一次消费的时间间隔	R值得分	消费频率	F值得分	消费金额	M值得分
180～360 天	3	购买 3 次	3	200～500 元	3
360～720 天	2	购买 4 次	4	500～1 000 元	4
720 天以上	1	购买 5 次及以上	5	1 000 元以上	5

再例如,销售周期比较短的快消品,可以根据实际情况将 R、F、M 值的得分标准设置如表 2-8 所示。

表 2-8 消耗周期较短的商品的 R、F、M 评分示例

最近一次消费的时间间隔	R值得分	消费频率	F值得分	消费金额	M值得分
3 天以上	5	购买 1 次	1	1 000 元以内	1
3～5 天	4	购买 2 次	2	1 000～1 500 元	2
5～10 天	3	购买 3 次	3	1 500～3 000 元	3
10～20 天	2	购买 4 次	4	3 000～5 000 元	4
20 天以内	1	购买 5 次及以上	5	5 000 元以上	5

在实际应用中,为了简化分析过程,通常会根据 R、F、M 值的大小将客户划分为 8 个类型,并制定有针对性的营销策略。这 8 个类型包括:重要价值用户、重要保持用户、重要发展用户、重要挽留用户、一般价值用户、一般保持用户、一般发展用户和一般挽留用户,如表 2-9 所示。

表 2-9 根据 R、F、M 值划分客户类型

R值	F值	M值	用户类型	策　　略
高	高	高	重要价值用户	属于最优质用户,应提高满意度,增加留存
高	低	高	重要保持用户	购买频率低,可通过活动等提高购买频率
低	高	高	重要发展用户	需要通过各种手段触达用户,防止流失
低	低	高	重要挽留用户	潜在的有价值用户,但是有流失的可能性,可以通过抽样访谈等了解原因并进行挽留
高	高	低	一般价值用户	属于忠诚用户,但是累计消费金额低,可引导进行消费升级
高	低	低	一般保持用户	一般是新用户,可利用一些促销方式吸引用户留存,如发放低门槛优惠券、多张组合优惠券等
低	高	低	一般发展用户	发展潜力较低,一般需要隔几天分析一次,进行运营激活
低	低	低	一般挽留用户	相当于流失用户,需要查找可能流失的原因并采取发券、打折优惠、送赠品等措施进行挽留

实践应用

对电商订单数据进行 RFM 分析(给出订单原始数据表,使用 Excel 工具)

B公司成立于2000年,是一家专业从事半导体分立器件及集成电路研究、开发、生产、销售的高新技术企业。为了对2020年公司的F级别二极管的订单数据和市场情况进行分析,方便公司调整该种二极管的生产计划,进而使该产品的生产销售更加合理,收集了该公司2020年F级别二极管的订单数据(如表2-10所示)。

表2-10 B公司2020年F级别二极管的订单数据

客户ID	下单时间	计划交付时间	实际交付时间	订单额	订单量	交付成本	利润贡献
罗××	2020-12-31	2021-01-05	2021-01-05	3 800	10	304	3 496
郑××	2020-12-24	2020-12-31	2020-12-31	4 940	13	395.2	4 544.8
卜××	2020-12-11	2020-12-18	2020-12-21	5 700	15	600.73	5 099.27
彦××	2020-12-09	2020-12-18	2020-12-18	6 080	16	508.43	5 571.57
顾××	2020-12-05	2020-12-15	2020-12-15	6 840	18	547.2	6 292.8
韦××	2020-11-21	2020-11-30	2020-11-29	7 980	21	638.4	7 341.6
贺××	2020-11-11	2020-11-21	2020-11-21	5 700	15	414.39	5 285.61
顾××	2020-11-09	2020-11-19	2020-11-18	8 740	23	699.2	8 040.8

对收集到的订单数据进行分类整理以及可视化处理,编制了F级别二极管的客户订单数据分析报表(如表2-11所示)。

表2-11 F级别二极管的客户订单数据分析报表

行标签	最大值项:下单时间	求和项:订单额/元	计数项:客户ID
昌××	2020-08-07	12 160	1
雷××	2020-02-24	7 600	1
罗××	2020-12-31	82 840	9
吕××	2020-06-27	8 360	1
吕××	2020-03-28	10 640	1
施××	2020-08-19	14 820	2
……	……	……	……
总计	2020-12-31	1 056 400	114

R值计算表如表2-12所示。

表 2 - 12　R 值计算表

行标签	下单时间	订单额/元	客户 ID	任务接受时间	R 值/天
昌××	2020 - 08 - 07	12 160	1	2021 - 01 - 01	147
雷××	2020 - 02 - 24	7 600	1	2021 - 01 - 01	312
罗××	2020 - 12 - 31	82 840	9	2021 - 01 - 01	1
吕××	2020 - 06 - 27	8 360	1	2021 - 01 - 01	188
吕××	2020 - 03 - 28	10 640	1	2021 - 01 - 01	279
施××	2020 - 08 - 19	14 820	2	2021 - 01 - 01	135
……	……	……	……	……	……
合计	——	1 056 400	114	——	——

评分表如表 2 - 13 所示。

表 2 - 13　评分表

距离上次消费天数(R)	消费频率(F)	消费金额(M)	权重得分
R≤50 天	9 次≤F≤10 次	M≥11 400 元	5
51 天≤R≤100 天	7 次≤F≤8 次	9 501 元≤M≤11 400 元	4
101 天≤R≤150 天	5 次≤F≤6 次	7 601 元≤M≤9 500 元	3
151 天≤R≤250 天	3 次≤F≤4 次	5 701 元≤M≤7 600 元	2
251 天≤R≤365 天	1 次≤F=2 次	1 元≤M≤5 700 元	1

客户评分表如表 2 - 14 所示。

表 2 - 14　客户评分表

客户 ID	消费天数/天	消费频率/次	消费金额/元	R 得分	F 得分	M 得分
昌××	147	1	12 160	3	1	5
雷××	312	1	7 600	1	1	2
罗××	1	9	82 840	5	5	5
吕××	188	1	8 360	2	1	3
吕××	279	1	10 640	1	1	4
施××	135	2	14 820	1	1	5

所有客户的 RFM 值评分汇总如表 2 - 15 所示。

表 2-15　客户 RFM 值评分汇总表

客户 ID	RFM 值	客户 ID	RFM 值
昌××	9	卜××	7
雷××	4	褚××	9
罗××	15	顾××	12
吕××	6	顾×	8
吕××	6	贺××	13
施××	9	黄××	8
王××	12	蒋××	10
薛××	12	柳××	5
彦××	8	穆××	11
尹××	10	唐××	6
赵××	11	陶××	10
郑××	13	王××	7
郑××	12	韦××	14
邹××	7	萧×	6
安××	14	余××	6
柏××	14	章××	9
毕××	12	朱××	9

根据 RFM 值对客户人数进行分类汇总,如图 2-7 所示。

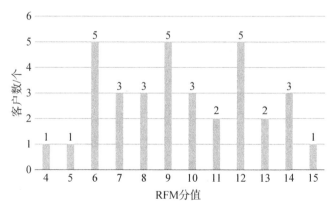

图 2-7　客户人数汇总分类

通过分析订购该种 F 级别二极管客户的稳定性与合作关系等,可以对客户进行分组管理,如表 2-16 所示。

表 2-16 根据 RFM 值的客户等级划分和客户关系维护策略

RFM 值得分	等级划分	客户关系维持策略
≤5 分	普通客户	增强公司产品及信用度宣传,培养客户忠诚度
6~10 分	普通会员	适时推出优惠活动,增加客户忠诚度
11~14 分	黄金会员	忠诚度较高,让客户了解产品更新时间、适当给予更大程度的优惠
≥15 分	黑金会员	客户稳定性高、合作关系好,重点维持,根据消费金额给与一定优惠

2.3 销售计划制订

电子商务销售计划是电商企业运营的基础计划,也是供应链管理人员开展工作必须依据的资料。制订电子商务销售计划需要弄清电子商务销售流程,知悉电子商务销售管理的概念、作用和内容。

2.3.1 电子商务销售流程

随着互联网的飞速发展,电子商务已成为企业拓展市场、提升营收的重要途径。无论是面向企业的 B2B(Business-to-Business)模式,还是直接面向消费者的 B2C(Business-to-Consumer)模式,都应当遵循一套系统而高效的销售流程。

1. B2B 电子商务销售流程

在 B2B 电子商务领域,销售是构建和维持企业间长期合作的核心。企业不仅需要深入了解市场需求,还需要精准定位目标客户,通过有效的沟通与谈判,最终实现产品的成功交付与长期关系的建立。

1)市场调研与定位

市场调研与定位工作的关键是通过深入和全面的调研,分析行业趋势、竞争对手策略、目标客户群体的需求与偏好,明确自身产品或服务的市场定位。

2)寻找潜在客户,建立初步联系

利用多种渠道如行业数据库、展会、社交媒体、行业协会等,寻找并筛选符合企业定位与需求的潜在客户。寻找潜在客户的重点在于建立潜在客户清单,分析其企业规模、业务范围、采购历史等信息,为后续联系做准备。

通过电话、邮件、社交媒体或直接拜访等方式,与潜在客户建立联系,向客户介绍企业及产品,表达合作意愿。在联系中注意沟通的个性化,根据客户的特点采取不同的沟通策略,展现专业性与诚意。

3)产品展示与谈判

在建立初步联系后,有意向的客户会同意企业进行产品展示与谈判。在产品展示环节,销售人员要详细介绍产品特性、优势、解决方案及定制化能力,解答客户疑问;在谈判环节,重点就产品价格、交付期、支付方式、售后服务等关键条款进行协商,寻找双方都能接受的平衡点。

4）签订合同

在意向客户同意合作之后,企业相关人员要准备合同草案,草案中明确记载双方权利与义务,包括产品规格、数量、价格、交付方式、违约责任等条款。买卖双方都要对合同内容进行仔细审查,确保无误后签字盖章,正式确立合作关系。

5）订单执行与产品交付

在合同签订以后,订单相关信息基本能确定,企业要马上根据合同要求组织生产或采购,确保产品质量与数量符合约定,同时安排物流运输,确保产品按时、安全送达客户手中。在这一过程中要全程跟踪订单执行情况,及时解决可能出现的问题,确保交付顺利进行。

6）产品售后服务

在订单执行和产品交付以后,卖方企业的工作并没结束,还需要提供产品安装指导、使用培训、技术支持、故障维修等全方位服务。优质的售后服务是维护客户关系的重要手段,也是提升客户满意度、促进再次合作的保证,因此电商企业一定要注意保证售后服务的高效、高质完成。

7）客户关系维护与拓展

企业在日常运营中还需要定期与客户保持沟通,了解产品使用情况与反馈,及时解决问题。同时,探索新的合作机会,如产品升级、新项目开发等。通过持续的关系维护,深化与客户的合作关系,逐步拓展业务领域,实现双赢发展。

2. B2C 电商销售流程

电子商务中 B2C 类型的销售占大部分份额,B2C 的销售流程直接关系到消费者的购物体验与满意度,是电商企业成功的关键。B2C 电商销售一般按以下流程进行。

1）商品展示与搜索

电商平台的卖家一般通过精美的图片、详细的文字描述,甚至是详情页的视频展示等方式,全面展现商品的特性、优势及使用场景,吸引消费者的注意。

每个电商平台都会提供便捷的搜索工具,让消费者能通过输入关键词搜索商品,同时在搜索页面还可以限定品牌、价格范围,根据销量排名等条件快速找到所需商品,提升购物效率。而优化搜索页也是电商企业提高店铺流量的重要手段。

2）下单与支付

消费者选定商品后,将其加入购物车(也可以直接选择支付购买)并完成填写收货地址、选择配送方式等下单步骤,最终确定支付,就算完成了交易。电商平台应确保下单流程简洁明了,减少消费者的决策负担,同时提供多种支付方式,如支付宝、微信、银行卡等,确保支付的安全、快捷,还需要在支付页面显示支付状态与预计到账时间,增强消费者信任。

3）订单处理

在消费者下单并完成支付以后,电商平台会审核订单信息,确认无误后,生成正式订单号,并通知仓库备货。

电商企业的供应链管理人员要实时更新库存信息,对于缺货商品,及时通知消费者并提供解决方案,如退款或更换商品等。

4)物流配送

电商企业要根据消费者选择的配送方式,匹配物流公司。电商平台一般都会提供物流跟踪服务,消费者可以通过订单系统随时查询配送进度。电商企业要及时处理物流异常情况,如延迟、丢失等,确保商品安全送达。

5)售后服务

(1)制订合理的退换货政策,包括退换货条件、流程、时间限制等,保障消费者权益。

(2)设立专业的客服团队,24小时或者在工作时间内提供在线咨询服务,解答消费者的疑问,处理投诉与建议。

(3)对于需要维修的商品,提供便捷的维修服务或者换货服务,确保消费者在使用过程中无后顾之忧。

上述基本流程结束后,有的电商企业还会进行数据分析,利用大数据技术,对销售数据、用户行为数据等进行深度分析,了解市场趋势、消费者偏好及商品表现。根据数据分析结果,对商品展示、搜索算法、营销策略等进行优化调整,提升用户体验,最终实现销售流程的持续优化。

2.3.2 电子商务销售管理的概念和作用

1. 电子商务销售管理的概念

销售管理是指企业通过编制销售计划、制定销售策略、选择销售方法、做好销售服务等,促进商品销售,满足市场需要,实现商品价值和使用价值的一种综合性管理。销售管理的主要任务是开拓市场,扩大销售,提高企业的经济效益。

电子商务销售管理,是指电子商务企业通过对供应链的原材料采购、生产制造、库存管理、物流配送、销售渠道等各环节的有效整合与优化,实现对销售活动的全面管理和控制。这一过程涵盖了从商品上架前的准备到最终交付到消费者手中的全过程,旨在提高供应链的响应速度,降低成本,增强灵活性,并提高客户满意度。

在电子商务平台上,销售管理尤为重要。它要求企业能够实时掌握市场需求变化,快速调整生产计划和库存策略,确保商品能够及时、准确地送达。同时,还需要与供应商、物流服务商等合作伙伴建立紧密的协作关系,共同提升供应链的整体效能。

2. 电子商务销售管理的作用

销售管理处于供应链管理的末端,是企业直接了解顾客需求的重要手段,是获取顾客需求信息的主要通道。在供应链环境下,销售管理的作用具体表现在以下三个方面。

1)为供应链及时获取市场信息提供捷径,提升运营效率

当前电商市场竞争激烈,错综复杂,存在太多的不确定性,快速掌握瞬息万变的市场信息对电商企业有着十分重要的作用。做好基于供应链的销售管理,对企业及时获取市场信息,保持供应链各环节的敏捷性起着很重要的作用。例如,通过供应链销售管

理,企业可以更快地捕捉到市场需求的变化趋势,并迅速调整生产和销售策略以适应市场变化。这种灵活的市场响应能力有助于企业抓住市场机遇,在激烈的市场竞争中保持领先地位。

通过电子商务供应链销售管理,企业可以实现对供应链各环节的实时监控和调度,减少信息传递的时间和误差,提高整体运营效率。例如,利用先进的库存管理系统,企业可以准确预测销售趋势,合理安排生产和采购计划,避免库存积压或缺货现象的发生。

2) 降本增效,改善供应链节点成员之间的关系

有效的供应链销售管理有助于企业降低运营成本。通过优化库存管理、减少物流损耗、提高资源利用率等手段,企业可以在保证产品质量和服务水平的前提下,最大限度地降低成本。此外,在传统的商品销售过程中,生产商与经销商往往是对立的,都力争实现自己的利益最大化。在电商供应链环境下,生产商与经销商作为供应链上的重要成员,利益紧密相连,是一种互利互惠的关系,因此他们会趋于合作,追求双方利益的均衡。

3) 提升客户满意度

电子商务供应链销售管理的核心和最终目的在于提升客户满意度。通过提高商品质量、优化物流配送、加强售后服务等手段,企业可以为客户提供更加便捷、高效、贴心的购物体验。这不仅有助于增强客户的忠诚度和复购率,还能通过口碑传播吸引更多潜在客户的关注。

2.3.3　电子商务销售管理的内容

在电子商务环境下,商品销售时间被缩短,商家对顾客需求变化的反应速度加快,从订货到交货所需的时间也被缩短。也就是说,电子商务供应链各成员之间的优化组合,有助于实现获取信息与做出反应之间各环节的协调一致,使供应链能快速接近顾客最终的需求,达到优化市场竞争时间与空间的双重效果。因此做好电子商务销售管理是一个复杂、系统而又十分重要的工作。

1. 制定销售计划

供应链管理人员要明确销售目标,规划销售策略,为销售活动的顺利开展提供指导。首先,深入研究市场动态、竞争对手情况、消费者需求等,为制订销售计划提供依据;然后,基于市场分析,设定合理的销售目标,包括销售额、市场份额、新客户等,再根据目标,制定具体的产品定价、促销方案、销售渠道选择等销售策略;最后,评估并分配销售资源,包括人力、物力、财力等,确保销售计划的顺利实施。

2. 销售过程管理

销售过程管理指的是监控销售过程,确保销售活动的顺利进行,及时调整销售策略以应对市场变化。它主要包括四个方面的内容。

(1) 客户管理:建立客户档案,跟踪客户需求变化,提供个性化的服务,增强客户黏性。

(2) 订单管理:处理客户订单,协调供应链各环节,确保及时、准确地交付订单。

(3) 销售渠道管理:管理线上和线下销售渠道,优化渠道布局,提高销售效率。

（4）售后服务：提供优质的售后服务，处理客户投诉，提升客户满意度和忠诚度。

3. 销售团队的组织与管理

进行供应链管理需要构建高效的销售团队，根据业务需求，选拔合适的销售人员，组建专业销售团队。定期对销售团队的人员进行产品知识、销售技巧、市场趋势等方面的培训，促进其全面发展。另外，为保证销售团队人员的工作积极性，激发销售人员的积极性和创造力，还需要建立合理的薪酬和激励体系，设定明确的绩效指标，对销售人员进行定期考核，并根据考核结果给予相应的奖惩。

4. 销售计划执行

做好销售计划后，供应链管理人员还需要确保销售计划的落地实施，监控执行过程，及时发现问题并解决。它具体包括四个方面的内容。

（1）计划分解到人：将销售计划细化为具体的销售任务，分配给每位销售人员。

（2）跟踪进度：定期跟踪销售任务的进展，确保按时完成各项任务。

（3）解决问题：针对执行过程中出现的问题，及时组织团队讨论并制定解决方案。

（4）优化调整：根据市场反馈和销售数据，适时调整销售策略和计划。

5. 销售结果评估

在销售工作阶段性结束以后，销售管理人员还要总结销售活动的成效，分析存在的问题，总结经验教训。首先，收集包括销售额、市场份额、客户满意度等关键指标在内的销售数据，对收集到的数据进行深入分析，评估销售计划的完成情况和市场反应。然后，根据分析结果，进行问题诊断，找出问题根源。最后，还需要总结销售活动的经验教训，提炼成功的销售模式和策略，为以后的销售活动提供借鉴。

2.3.4 销售计划的内容

销售计划是电商企业为实现其销售目标而制订的详细规划，它引导着整个销售过程，对于确保销售活动的有效性和成功率至关重要。

1. 商品类型与市场定位

销售计划需要明确商品的类型，包括商品种类、规格、特性等，确保团队成员对即将推广的产品有清晰的认识。

此外，还需要做好所售商品的市场定位，分析竞争对手，确定目标商品在市场中的独特卖点和差异化优势，以此为基础制定销售策略。

2. 销售目标设定

销售目标不仅包括具体的销售量、销售额、市场份额等量化指标，还应当包括品牌知名度、客户满意度等非量化指标。量化指标可以作为衡量销售成果的直接依据，而非量化指标则可以反映销售活动对企业长期发展的贡献。

在总体目标确定以后，还需要将其细化为月度、季度或区域性的小目标，便于后续执行和实施监控。

3. 价格规划

价格规划主要是根据商品实际和目标客户等各因素合理确定定价及活动价格。制订价格规划时,需要基于成本、市场需求、竞争状况等因素确定合理的定价原则,此外还需要根据不同消费者群体和市场细分,制定不同层次的价格策略,以满足多样化的需求。最后,还需预设价格调整机制,根据市场反馈和销售情况灵活调整价格,保持竞争力。

4. 市场细分与目标客户识别

市场细分就是根据地理位置、年龄、性别、收入水平、购买习惯等因素,将市场划分为若干细分市场。

在细分市场中,还需要确定目标客户群体,明确其需求特点、购买能力和购买行为,并深入了解目标客户的需求和偏好,为销售行动提供有力支持。

5. 促销与广告计划

电商企业需要注重促销策略的制定:除了限时折扣、买一赠一、捆绑销售等常规促销策略,每个电商平台还有不同的促销活动,电商企业需要考虑是否参加以及如何参加,如"双 11""618"等。

在电商平台,投放广告也是必不可少的促销策略,如信息流广告,搜索引擎优化广告、社交媒体广告等在当前的电商环境中都是必不可少的。另外,电商平台一般都在后台支持广告投放,可以选择店铺推广、商品推广、活动推广等各种形式。

投放广告后,还需要跟踪广告投入与产出比,评估促销和广告活动的效果,为后续计划提供参考。

某电商企业的年度运营计划如表 2-17 所示。

表 2-17　某电商年度运营计划表

年度运营计划表											
品牌发展战略:打造行业精品,提升品牌知名度											
项目		2023 年							2024 年			
	季度	Q1			Q2			Q3			Q4	
	月度	9 月份	10 月份	11 月份	12 月份	1 月份	2 月份	3 月份	4 月份	5 月份	6 月份	7 月份	8 月份
	月目标销量	>5 000	>6 000	>5 000	>6 500	>4 000	>5 000	>5 000	>5 000	>6 000	>5 000	>5 000	>5 000
	月目标访问量	>40 000	>45 000	>40 000	>40 000	>45 000	>40 000	>40 000	>40 000	>40 000	>40 000	>40 000	>40 000
	阶段概述	运营初始阶段: ① 掌控自然搜索、推广流量等可控流量; ② 利用优势,抢夺免费资源; ③ 利用热销产品库存优势,打造明星爆款产品并推荐其进入类目首页,争取更高排名						运营发展阶段: ① 将所售商品进行关联搭配,提高客单价; ② 培养第二阶梯产品,抢占类目排行前列; ③ 加大广告投放,配合线上促销环境,抢夺更多销售额					

方向	品牌推广方向	做流量、找主推产品	依托线上爆款，提升店铺人气	依托品牌活动，打造爆款	线上整合转化，提升销量
	产品推广方向	体验品牌口碑产品引流量	打造符合品牌定位的爆品	主推热卖特惠套组	主推爆款、特惠套装
推广	品牌活动推广	国庆节送好礼促销活动	春节送好礼促销活动		"五一"劳动节送好礼促销活动
	月度主题活动	开学季享好礼	新款手机上市	春节送好礼，新年换新机	
	品牌实践活动		12月年终大促		店庆活动
	主题产品	笔记本、平板等	某新款手机	新款智能手表	根据预热情况延长推广周期
	平台活动	根据电商平台给出的资源及活动费用而定			
其他	库存需求数	根据当月销量进行次月的补货预估			

实践应用

某童装销售电商企业 B 公司主营婴儿和儿童服装的销售，宣传口号是为 0～14 岁儿童提供时尚、舒适、安全的童装产品。其产品销量一直在同类产品中处于比较领先的位置，主要客户群体为 25～35 岁的年轻父母，这些客户更加注重产品的品质、设计和性价比。在 2023 年的 12 个月中，婴儿服装（0～3 岁）占总销量的 40%，儿童服装（4～14 岁）占 60%。其中，冬季（11 月至 2 月）销量较夏季（5 月至 8 月）高出 30%。近年来，环保、可持续性和功能性童装逐渐成为市场热点，市场竞争加剧，消费者需求更加多样化。企业根据往年销售规律预测 2024 年 3 月的销量可能开始下滑，为更好应对市场变化，公司决定制订详细的 3 月月度运营计划，以优化商品结构、提升销售业绩、增强品牌影响力。

2024 年 3 月月度运营计划

项目	内容	目标
商品类型与市场定位	春季新品推广	本月重点推广春季新品,包括婴儿服装(如纯棉连体衣、透气外套)和儿童服装(如运动套装、卡通 T 恤)
	市场定位	中高端市场,注重产品的设计感、舒适度,引进使用环保材料制作的新品童装,主打绿色环保,获得年轻父母的好感
销售目标设定	总销售目标	300 万元
	婴儿服装销售目标	120 万元
	儿童服装销售目标	180 万元
	日均销售目标	10 万元
价格规划	婴儿服装均价	150 元/件
	儿童服装均价	200 元/件
	促销活动	满 300 减 40、新品折扣优惠等
市场细分与目标客户识别	市场细分	根据年龄、性别、地域等因素,将市场细分为婴儿服装市场和儿童服装市场
	目标客户	25~35 岁的年轻父母,特别是注重童装品质、设计和性价比的家长,特别是华北、华南地区的女性客户
促销与广告计划	促销活动	开展"春季新品上市"促销活动,提供限时折扣、满减优惠等
	广告计划	(1) 利用社交媒体(如微信、抖音、小红书)进行广告投放,提高品牌知名度和曝光率。 (2) 与知名育儿博主合作,进行产品推广

思考与练习

1. 选择题

   (1) 在电子商务需求预测中,以下哪项不是定性预测方法?

   A. 历史类推法　　　B. 专家意见法　　　C. 德尔菲法　　　D. 时间序列分析

   (2) 电子商务销售计划中不包括以下哪项内容?

   A. 销售商品类型　　B. 销售目标　　　C. 客户服务流程　　D. 价格策略

2. 判断题

   (1) 需求预测的基本原则之一是使用尽可能多的历史数据来提高预测的准确性。

   (2) RFM 模型中,M 代表的是客户购买的频率。

3. 简答题

   简述电子商务供应链需求预测的目的。

项目 **3**

价值驱动：采购分析与评估

项目导论

在数字化与全球化的商业环境中，电子商务已成为推动经济发展的重要力量。随着消费者需求的日益多样化和市场竞争的加剧，有效的供应链管理，特别是采购环节的高效运作，成为电子商务企业核心竞争力的关键所在。本章节旨在深入介绍电子商务供应链中采购管理与采购执行的相关知识，为电子商务企业在复杂多变的市场环境中制定科学的采购策略、采购清单即采购合同，确保采购活动顺利执行，提供理论指导和实践参考。

学习目标

知识目标
(1) 了解采购管理的定义和目标；
(2) 了解电子商务供应链采购的作业流程；
(3) 了解采购的类型和方法；
(4) 了解采购合同的主要内容；
(5) 掌握采购的货款结算流程。

能力目标
(1) 独立编制电子商务采购物料清单表；
(2) 根据电商企业的实际情况编制采购合同。

素养目标
基于科学原理，采用科学方法，进行电子商务供应链采购，具备较强的调查能力以及资料收集、分类、归纳、处理的能力，遵守采购相关法律法规，综合搜集来的信息高效进行采购物料清单表和采购合同的制定和跟踪等工作。

项目导入

某大型电商公司计划在下一年度推出多款智能穿戴设备，以提升市场竞争力。为了确保产品质量、降低成本并提高效率，该公司决定从以下几个方面对采购流程进行全面优化和采购管理。

（1）需求分析与规划:电商平台首先根据市场趋势、消费者需求及自身战略,确定智能穿戴设备的具体规格、功能、数量及预期上市时间。

（2）供应商筛选与评估:通过市场调研、行业推荐等方式,初步筛选出符合条件的供应商名单。对初筛后的供应商进行实地考察,进行样品测试、价格谈判并讨论合同条款,最终确定合作供应商。

（3）采购合同签订:与选定的供应商签订正式采购合同,明确产品规格、数量、价格、交货期、质量标准、售后服务等条款。

（4）订单执行与跟踪:电商平台通过供应链管理系统下达采购订单,并实时监控订单执行情况,包括生产进度、质量检验、物流运输等。

（5）收货与验收:货物到达后,电商平台按照合同约定的质量标准进行验收,确保产品质量符合要求。

（6）付款与结算:验收合格后,电商平台按照合同约定的付款方式和期限向供应商支付货款。

3.1 采购管理概述

在电子商务供应链中,采购是供应链上游良好运转的保证,也是与其他环节紧密联系的连接点。电子商务供应链采购管理人员必须弄清采购、采购管理的定义与作用,知悉采购的作业流程,采取合适的采购方法,同时还要学会制定电子商务采购物料清单表。

3.1.1 采购的定义和作用

1. 定义

采购是指有需求的主体从众多的备选客体中,有选择地通过有偿方式取得所需要的物资、工程或服务。

采购不仅涉及选择供应商、谈判价格、签订合同、订单管理、收货验收及支付货款等一系列活动,还涵盖了与供应商建立和维护长期合作关系,以确保企业资源的高效配置和供应链的稳定运行。

2. 采购的作用

（1）采购的首要作用是确保企业所需的物资和服务能够按时、按质、按量地供应到位。企业能够通过精心策划的采购计划以及与供应商的有效沟通,避免物料短缺导致的生产停滞或项目延期,维持生产的连续性和项目的顺利进行。

（2）有效的采购策略能够通过集中采购、比价议价、优化库存管理等方式,降低采购成本,减少不必要的浪费,提高资金利用效率。同时,合理的采购价格也能为企业赢得更大的利润空间,增强其市场竞争力。

（3）采购不仅是获取物资的过程,更是质量控制的第一道防线。与可靠的供应商建立合作关系,制定严格的质量标准和检验流程,确保采购的物资符合企业要求和行业标准,是提升产品和服务质量的重要保障。良好的质量管理有助于减少退货、返工等成本,提升客户满意度。

(4)采购活动面临着多种风险,包括供应中断、价格波动、质量不合格等。通过多元化供应商策略、建立紧急供应机制、签订长期合同等措施,采购部门可以有效识别、评估并管理这些风险,确保供应链的韧性和稳定性,减少外部因素变化对企业运营造成的影响。

(5)采购是供应链管理的核心环节之一。采购部门通过加强与供应商、分销商、物流服务商等上下游企业的协作,能够优化供应链流程,提高物流效率,降低库存成本,加快资金周转。同时,有效的供应链管理还能增强企业对市场变化的响应能力,提升整体运营绩效。

(6)采购不仅仅是购买现成的产品或服务,更是企业获取新技术、新材料、新创意的重要途径。通过与前沿供应商的合作,企业可以接触到最新的技术动态和市场趋势,为自身的产品研发和创新提供源源不断的灵感和支持。这种合作不仅有助于企业推出更具竞争力的新产品,还能加速产品的迭代升级,满足不断变化的市场需求。

3.1.2 采购管理的定义和目标

1. 定义

采购管理,是指为保证企业物资供应以及采购计划的完成,对采购活动进行计划、组织、协调和控制的活动。采购管理不仅面向全体采购人员,还面向企业的其他人员,如负责协调配合工作的人员。采购管理的任务是调动整个企业的资源,满足企业的物资需求,确保实现企业经营战略目标。

2. 采购管理的目标

(1)确保供应物资的质量。质量是产品的生命。对于生产企业而言,只有采购的原材料、外协件等质量合格,生产的产品才能合格,否则会造成生产浪费,损害消费者利益和企业形象。对于电商企业,采购合格的商品是电商销售最基本的要求,也是维持电商企业长久发展和赢得客户口碑的重要保证,售卖不合格的采购商品不仅可能会面临行政处罚,客户的负面评价还会导致潜在客户的流失,此外不合格的采购造成的退货还会导致资源浪费和进度延误,危害极大。

(2)确保供应时间。采购管理是生产企业的原材料供应跟上生产节奏的重要保证,也是电商企业保证供给的基础,供应时间延误将会影响企业的生产经营,产生较大不利后果。当前大部分企业为了加速资金周转,减少资金占用,通常将材料准备的时间大大压缩,根据市场需求组织生产,安排原材料供应,这对于到货准时性的要求越来越高。

(3)确保供应物资的数量。企业在生产经营中总需要准备一定数量的物资,包括原材料、配件、成品等。储备的物资数量太多或者太少都会影响生产经营,储备过多可能会造成库存积压甚至报废,占用资金,减缓资金周转速度;过少可能会到导致停工待料,影响生产进度。电商企业对于商品供应的时效性要求更严,储备商品的不足会导致发货延迟,可能带来顾客退单甚至投诉等不良后果。所以采购管理一定要保证物资数量维持在适当水平。

（4）以合理的价格完成采购任务。物资的采购价格是影响采购成本的重要因素，因此，以合理的价格完成采购任务是采购管理的主要目标之一。物资采购价格对总成本的影响较大，过高的采购价格会增加产品的总成本，并且使产品在市场上丧失竞争力，但是采购价格过低也会使供应商的合作意向降低甚至停止供货。因此采购管理人员需要通过调研、协商、谈判等手段科学确定一个合理价格来完成采购任务。

3.1.3　采购的作业流程

采购流程是指电商企业或个人通过平台进行商品采购的一系列操作流程。

1. 分析采购需求，制订采购计划

电商企业在进行供应链采购前需要明确自己的采购需求，用料部门通常根据实际需求，通过企业内部管理系统向采购部门提出物料申请单，申请单应当写明所需物料的名称、数量、规格、型号、质量要求、交货期限等。采购部门对这些需求进行分析，通过市场调研、客户需求分析等方式来收集相关信息，同时结合现有库存情况和历史采购数据，最终做出采购决策，制订详细的采购计划。采购计划应当包括以下内容：

（1）品种，即物料的品种、规格、型号及功能等；

（2）数量，即计划期内应当采购的数量；

（3）批量，即每次进货的批量；

（4）时间，即每次进货的时间；

（5）采购方式，即采用何种方式采购，是集中采购还是分散采购，是传统采购还是科学采购，是国内采购还是国际采购。

2. 筛选供应商，进行资质审查

选择供应商是采购的基本环节，企业要通过调查、审核认证、考核等手段筛选供应商，选择优秀的供应商作为合作伙伴。

3. 采购谈判

无论采取何种采购方式，成功的采购必须与供应商谈判。采购谈判要讲究谈判策略，坚持原则、谨慎对待、不容有失，比较重要的或者大宗货物的谈判要由有经验的谈判者负责。

4. 合同签订

采购谈判成功就要签订合同了，合同是确定谈判成果、明确供需双方的权利与义务及所达成的其他共识的重要形式，也是重要的法律凭证。合同中应当写明商品的具体规格、数量、价格、交货期限、付款方式、质量标准、售后服务等条款，并明确双方的权利义务。

5. 合同执行

（1）供应商应按照采购合同约定的条款和条件交付货物。交付货物的运输通常由供应商组织，有时由采购商自行组织。选择货物的运输方式时，要综合考虑货物的性质、运费的高低、时间的急缓、货损的程度、运输的安全等。

（2）采购部门负责验收货物并支付货款货物。验收入库是采购的最后关键环节，验收的内容包括货物的品种、规格、质量、数量等。要依照规定妥善处理验收中发现的问题。

不合格品不得入库。

（3）采购部门对货物检查合格入库后,企业必须按合同的规定及时支付货款。货款结算的方式有支票、汇票、本票、异地托收承付、委托银行收款和信用卡支付等。

6. 售后服务、评价、反馈与优化

（1）电商企业要建立售后服务体系,对采购的物料进行质量跟踪和售后服务,确保供应的产品和服务质量符合要求。

（2）电商企业在一项采购结束后可以进行购后评价。购后评价包括两个方面的内容:一方面是对采购绩效进行总结,发扬优点,改善不足,进一步提高采购质量;另一方面是对采购人员的表现做总结,表扬先进,找出差距,以便他们做好今后的工作。

（3）反馈与优化:根据采购执行过程中的实际情况和供应商的反馈,电商企业还应不断优化采购流程和供应链管理策略,提高采购效率和供应链的整体性能。

3.1.4 采购的类型

1. 采购的常见分类

根据不同的标准,采购可被分为不同的类型,如表3-1所示。

表3-1 采购的常见分类

分类标准	类型	含 义
根据采购的主体分类	企业采购	企业采购一般数量大、范围广,要求特别严格,是最常见的采购方式
	政府采购	各级政府为了开展日常政务活动或为公众提供服务,在财政部门的监督下,以法定的方式、方法和程序,通过公开招标、公平竞标确定供应商,由财政部门直接向供应商付款
	事业单位采购	事业单位使用财政性资金购买列入政府集中采购目录或金额超过集中采购限额标准的货物、工程或服务,均属于政府集中采购范围,必须按照《中华人民共和国政府采购法》确定的采购方式和采购程序进行
	军队采购	军队采购是指军队单位使用军费(包括预算外经费),获取装备训练、建设、工作和生活所需物资的行为
	其他社会团体采购	社会团体采购就是物资主管部门,搭建物资采购平台由企业自主在供应厂商网络成员内采购并签订物资购销合同
根据采购的范围分类	国内采购	采购商以本国货币向国内供应商采购所需物资的活动
	国际采购	国内采购商直接向国外供应商采购
根据采购的物质形态分类	有形商品的采购	有形商品包括原材料、能源、辅助材料、半成品、零部件、成品等的采购
	无形商品的采购	技术和服务的采购,技术指的是制造某种产品、某种生产工艺或提供某种服务所需的技能知识,服务指的是如安装、培训、维修等服务

2. 电商采购的类型

1）目录采购

电商平台会整合供应商的产品目录，形成一个内部市场或电子目录。采购人员可以直接在这个目录中选择所需商品，并下单购买。由于采取这种采购方式时，可能已经提前商议或通过招标决定了价格，所以采购流程得到了简化。

2）询价议价采购

询价议价采购是指采购方在电商平台上向多个供应商发出询价请求，收集报价后进行比较和谈判，最终选择最合适的供应商进行采购。这种方式增加了采购的灵活性和议价空间。

3）网上招标

网上招标的全部流程都在电商平台上进行。采购方在平台上发布招标公告，邀请供应商参与投标。供应商按照要求提交投标文件和报价，采购方根据投标结果选择中标者。这种方式公开透明，有助于避免暗箱操作和腐败现象。

4）单一来源采购

单一来源采购是指采购方在特定条件下直接向一个供应商购买商品或服务。这种采购方式通常发生在以下情况：商品或服务来源渠道单一，或属专利，或为首次创造，合同追加，原有采购项目扩充等。由于缺少竞争，采购方需要仔细评估供应商的价格、质量和服务水平。

5）电子投标

电子投标是针对特殊设备或特殊品质商品的采购方式。采购方通过电商平台向供应商询问信息和开价，收集供应商的答复，并在小范围内进行竞价采购。这种方式适用于对商品质量或性能有特殊要求的情况。

6）团体逆向拍卖

团体逆向拍卖指的是由多个买方公司组团，在电商平台或第三方中介拍卖网站上进行的采购。多个买家将订单整合成为一个大宗采购，有利于在谈判时达成一个更低的价格。这种方式有助于买方公司降低采购成本，提高采购效率。

需要注意的是，不同的电商采购类型适用于不同的采购需求和场景。采购方在选择采购类型时，需要根据实际情况进行综合考虑，以确保采购活动的顺利进行和采购目标的实现。同时，随着电商技术的不断发展和创新，未来还可能出现更多新型的电商采购类型。

3.1.5　采购的方法

采购是企业运营中至关重要的一环，实际生活中存在多种采购方法，可以满足不同企业的生产或运营需求。

1. JIT 采购

JIT 采购，又称准时化采购，是以 JIT（Just In Time，准时化生产）系统为基础的采购模式。其基本思想是将合适的产品，以合适的数量和合适的价格，在合适的时间送达到合适的地点,以最好地满足用户需要。

传统的采购模式是库存采购,采购的目的是补充库存。JIT 采购则是以订单驱动采购,主要有以下特点:

(1)一般采取小批量采购,提高资金利用率,减少库存,争取实现零库存或少库存,消除浪费,降低成本。

(2)交货准时,确保供应链的高效运转。

(3)信息共享,与供应商紧密合作,实现信息的实时传递。

2. MRP 采购

MRP 采购,即物料需求计划(Material Requirement Planning)采购,主要应用于生产企业,生产企业根据主生产计划和主产品的结构以及库存情况,逐步推导出生产主产品所需要的零部件、原材料等的生产计划和采购计划。

对于采取 MRP 采购模式的企业,生产系统中的需求由生产计划和产品结构决定,具有逻辑关联性,一般不可更改。MRP 采购的采购计划往往比较精细,对每一个生产活动和采购活动都有明确规定,并且需要依赖计算机技术进行大量的数据处理。

3. 集中采购

集中采购是指由企业的采购部门全权负责企业的采购工作,即企业生产所需的物资都由一个部门负责采购,其他部门以及分厂、分公司均无采购职权。

集中采购不仅可以降低采购成本,减少企业内部各部门间的竞争和冲突,也有利于与供应商保持长期稳定的合作关系。但是集中采购可能受外来因素干扰,导致内部决策效率降低,延误整体进度。

4. 分散采购

分散采购是指按照需要,由企业设立的部门自行组织采购,以满足生产经营的需要。

分散采购的灵活性高,能够快速响应部门或单位的特殊需求;管理成本高,每个部门或单位都需要独立的采购流程和管理团队。

分散采购适用于以下几种情况:采购批量小、价格低的物资;采购市场资源有保证、运输费用低的物资;各基层部门具有相应检测能力。

5. 库存管理采购

库存管理严格来说不是一种采购方法,而是采购活动的一部分。库存管理采购更注重于通过合理的采购策略和库存控制来优化库存水平,降低库存成本。

采用库存管理采购时,应根据需求变化和订货提前期,确定合理的订货点,通过有效的库存管理来避免过高或过低的库存水平。

6. 招标采购

招标采购是指通过面向社会公开招标或邀请招标进行采购的一种方式。

招标采购的流程比较公开透明,有利于防止腐败和暗箱操作;供应商的竞争激烈,有利于获得更优的价格和服务;有利于企业建立丰富的供应商资源库。但是招标过程需要一定的人力、物力和财力,程序烦琐,应变性也较差。

7. 电子采购

电子采购也称网上采购，是电子商务环境下的采购模式。其特点是在网上寻找供应商、选择品种、洽谈贸易、订货甚至支付货款，但在网下送货、进货。

电子采购主要依赖电子商务的发展和物流配送水平的提高，以及企业信息化水平和人员素质的提升。电子采购不受地域限制，流程简单高效，可有效缩短采购周期，减少采购费用和交易成本。

3.1.6　采购物料清单表的制定

1. 物料清单表的定义和作用、类型

1）定义

物料清单表（Bill of Materials，BOM）在电子商务采购中扮演着至关重要的角色。它详细列出了产品制造或组装时所需的所有原材料、组件、子组件以及它们之间的数量关系。BOM 表不仅是产品设计和生产的基础，也是采购、库存管理和成本核算的重要依据。在电子商务环境下，BOM 表被广泛应用于线上采购流程中，以帮助采购人员准确理解产品构成，制订高效的采购计划。

2）作用

BOM 表在电子商务采购主要发挥了如下作用。

（1）明确采购需求：BOM 表详细列出了产品所需的所有物料及数量、质量等要求，为采购人员提供了明确的需求清单。

（2）优化采购计划：通过分析 BOM 表，采购人员可以评估物料供应的优先级和采购时机，制订更加合理的采购计划。

（3）降低采购成本：BOM 表有助于采购人员比较不同供应商的价格和质量，选择性价比高的物料，从而降低采购成本。

（4）提高采购效率：通过数字化的 BOM 表，采购流程可以实现自动化和标准化，减少人为错误和重复劳动，提高采购效率。

（5）便于质量控制：BOM 表详细列出了产品的每个组件和子组件，有助于在采购和生产过程中进行质量控制，确保产品质量符合要求。

（6）支持供应链管理：BOM 表是供应链管理的重要组成部分，它帮助企业了解产品的物料构成和供应链结构，为库存管理和生产计划提供数据支持。

（7）支持数据分析：BOM 表中的数据可以为企业提供丰富的数据分析素材，帮助企业了解产品成本构成、供应链效率等信息，为决策提供支持。

3）类型

按照层次结构，BOM 表可以划分为单层 BOM 和多层 BOM。

（1）单层 BOM：单层 BOM 是生产产品的简单零件清单，只包括一个级别的组件、装配和材料。结构简单，适用于较为简单或单一的产品采购。

（2）多层 BOM：多层 BOM 也称缩进式 BOM，是一种复杂的物料清单，其中列出了制造产品所需的组件、装配体和零件，结构类似于一棵家族树，映射出产品的所有组件和子

组件。其能够详细展示产品组件的层级关系,适用于复杂产品或组装件的采购。

按照产品生命周期可以划分为销售 BOM、工程 BOM、制造 BOM、采购 BOM 等。

(1)销售 BOM:销售 BOM 是根据产品的市场需求和销售要求而创建的物料清单,为满足市场的不同需求。销售 BOM 的制订通常会基于客户的需求和偏好。销售 BOM 可能会对产品的外观、功能、配置等进行调整和优化,以提高产品的市场竞争力和销售业绩。销售 BOM 还可以包含与销售相关的信息,如定价、包装、营销策略等。电子商务 BOM 属于销售 BOM。

(2)工程 BOM(Engineering Bill Of Material,EBOM):工程 BOM 通常根据计算机辅助设计(CAD)图纸创建,其主要反映产品的设计结构,侧重于产品的设计特性和结构要求,是产品设计阶段的重要输出。

(3)制造 BOM(Manufacturing Bill of materials,MBOM):制造 BOM 是在工程 BOM 确定好工程计划、流程的基础上,再增加材料、工艺、组装加工程序等信息制成的制造物料清单。制造 BOM 会列出生产所需的备件和替代件等确切物料,直接面向生产,是采购和生产的重要依据。

(4)采购 BOM(BBOM):采购 BOM,是根据工程 BOM 和制造 BOM 对零部件的需求以及具体分类,确定企业需要采购的全部物料的详细信息。

除此之外,有的生产企业还根据工艺流程和生产实际情况采用工艺计划 BOM、设计 BOM、客户 BOM 等。

2. 采购 BOM 的制定

采购 BOM 中应包含的数据包括:物料的名称、规格、材质、申请数量、采购数量、采购金额、需求日期以及到货日期。

采购 BOM(物料清单)的制定是采购管理中的一个关键环节,它直接关系到采购计划的准确性和效率。

1)制定步骤

(1)详细收集所需物料的所有相关信息,包括原材料、零部件的名称、规格、型号、数量等。

(2)分析产品的结构,确定需要的所有物料,确定好所需物料的信息、数量等,并提前确定替代物料。

(3)选择供应商,评估价格、可靠性、可用性和交货期等因素。与供应商沟通,了解其供应能力和质量保证措施。

(4)使用相关软件编制 BOM 表,详细记录每个物料的名称、编码、数量、单位、供应商等信息,并设置好物料部件之间的层级关系。

(5)审核 BOM 表,确保所有信息的准确性和完整性。与设计组、采购部、质量控制部等相关部门进行协调和确认,确保 BOM 表符合实际需求。

(6)将审核无误的 BOM 表发布到系统中供相关部门使用,采购部门根据 BOM 表制订采购计划,确保所需材料按时到位。

2)注意事项

(1)确保 BOM 表包含所有必要的物料信息,无遗漏,已考虑到产品的整个生命周期,包括设计、生产、维修等环节。

(2)核对每个物料的名称、规格、型号等信息,确保准确无误。已考虑到物料的替代性和供应商的稳定性,避免采购错误或延误。

(3)BOM 表应清晰易懂,便于采购人员和其他相关部门人员查阅和使用。使用标准化的编码和单位,减少沟通成本。

(4)确保能追溯到每个物料的生产厂家、批次等信息,以控制质量和追溯问题源头。

(5)BOM 表应具有一定的灵活性,以应对设计变更或市场需求的变化,并定期更新,确保与产品实际状态保持一致。

(6)与设计、生产、质量控制等部门保持紧密沟通,确保 BOM 表与产品实际状态的一致性。在制定和更新 BOM 表时,充分考虑各部门的意见和需求。

实践应用

一家主营智能家居销售的电商企业 A 公司在春节来临之际,计划举办"年终智能家居换新装"的活动,预计需要采购智能灯泡、智能插座、智能音箱及安装配件等智能家居设备,请编制该电商企业物资采购 BOM 表。

表 3-2 电商企业物资采购 BOM 表

<table>
<tr><td colspan="12" align="center">物资采购 BOM 表</td></tr>
<tr><td colspan="8" align="center">编号:ZJ-SMART-HOME-SET-001</td><td colspan="4" align="center">序号:</td></tr>
<tr><td colspan="2" align="center">项目名称</td><td colspan="10" align="center">"年终智能家居换新装"活动的智能家居生活套装采购</td></tr>
<tr><td colspan="2" align="center">申请部门</td><td colspan="4"></td><td align="center">申请人</td><td align="center">申请时间</td><td colspan="4" align="center">2023-××-××</td></tr>
<tr><td colspan="2" align="center">项目号</td><td colspan="6"></td><td align="center">其他</td><td colspan="3"></td></tr>
<tr><td colspan="12">申请物资采购清单:</td></tr>
<tr><td>序号</td><td>物料名称</td><td>物料编码</td><td>规格型号</td><td>数量</td><td>单位</td><td>单价</td><td>总价</td><td>交付时间</td><td colspan="2">供应商名称</td><td>备注</td></tr>
<tr><td>1</td><td>智能 LED 灯泡</td><td>BULB-001</td><td>10W，RGB 可调色</td><td>100</td><td>个</td><td>50 元</td><td>5 000 元</td><td>2023-××-××</td><td colspan="2">光明照明有限公司</td><td>无</td></tr>
<tr><td>2</td><td>智能 WiFi 插座</td><td>SOCKET-002</td><td>最大功率 2 500 W,远程控制</td><td>80</td><td>个</td><td>50 元</td><td>400 元</td><td>2023-××-××</td><td colspan="2">智能生活科技有限公司</td><td>无</td></tr>
<tr><td>3</td><td>智能蓝牙音箱</td><td>SPEAKER-003</td><td>5W，360° 音效</td><td>150</td><td>个</td><td>30 元</td><td>45 000 元</td><td>2023-××-××</td><td colspan="2">音响世界股份有限公司</td><td>无</td></tr>
</table>

（续表）

序号	物料名称	物料编码	规格型号	数量	单位	单价	总价	交付时间	供应商名称	备注
4	安装配件包（螺丝、说明书）	ACCESS-004	通用型	100	套	18元	1 800元	2023-××-××	配件大全商业公司	无
合计							5 220元			

备注：
1. 以上价格均为含税价格，具体采购时需根据供应商的最新报价及优惠政策调整
2. 物料到货后需进行质量检验，确保符合产品标准及安全要求
3. 考虑到库存周转，建议根据实际情况调整采购数量，避免积压或短缺
4. 供应商代码及名称需与已审核通过的供应商名录保持一致，确保采购渠道正规可靠
5. 本BOM表为初步规划，可根据项目进展及市场需求调整具体细节

3.2 采购执行

采购执行是保证电子商务供应链采购顺利完成的关键环节和链接供应链上下游的重要纽带。做好采购执行工作，首先要明确采购合同应该包括哪些内容，再科学管理采购合同的执行过程并跟踪货物交付情况，最后安全、有效地进行货款清算。

3.2.1 采购合同

1. 采购合同的含义

采购合同是指采购方将货物的所有权或经营管理权转移给供应方，供应方按约定支付价款的合同。它属于买卖合同的一种，是商业、工业或其他经济组织为了生产或经营需要，采购原材料、产品等而订立的法律性文件。采购合同明确了双方的权利和义务，是供需双方联系的基础。

2. 采购合同在采购程序中所处的环节

在采购程序中，采购合同是采购执行的文本依据，采购合同的内容通常在合同签订环节确定下来，"合同执行"环节也会涉及。签订采购合同这个环节紧接在供应商选择、谈判议价之后，是采购流程中的一个关键性环节。它标志着双方正式建立了合作关系，并明确了后续合作的具体内容和要求。

3. 采购合同的主要内容

在实际商业往来中采购合同有各种各样的范式，所规定内容也会根据实际情况有所不同，但是一些主要的事项和内容应在其中明确表述清楚，采购合同的主要内容如表3-3为例。

表3-3 采购合同的主要内容

事 项	主 要 内 容
合同当事人的信息	双方的名称、地址、联系方式、开户行及账号等基本信息
标的物信息	采购的货物或服务的名称、种类、规格、型号、数量、质量等
价格与支付条款	货物的价格、支付方式（如预付款、进度款、尾款等）、支付时间等
交货与验收	交货的时间、地点、方式以及验收的标准和方法
质量保证与售后服务	货物的质量保证期限、售后服务内容等
违约责任	双方在合同履行过程中如发生违约情况应承担的责任和赔偿方式
争议解决	合同争议的解决方式，如协商、调解、仲裁或诉讼等
其他条款	如合同的变更和解除条件、通知方式、保密条款等

在实践中，具体采购合同的内容应根据实际情况和双方协商确定。同时，采购合同的内容应符合相关法律法规的规定，确保合法性和有效性。以下为采购合同模版。

××采购合同

合同编号：_____ 签订时间：_____

甲方（采购方）：

单位名称：_____

法定代表人：_____

地址：_____

开户行、账号：_____

联系电话：_____

乙方（供应方）：

单位名称：_____

法定代表人：_____

地址：_____

开户行、账号：_____

联系电话：_____

甲方拟通过电子商务平台向乙方采购指定商品/服务，依据《中华人民共和国民法典》及相关法律法规，甲乙双方在平等、自愿的基础上，经友好协商，达成如下协议：

第一条　采购商品信息

1. 商品/服务名称、规格型号、数量、单价等具体信息详见《采购清单》。

2. 商品/服务质量应符合国家相关标准及双方约定的技术要求。

第二条　价格与支付条款

1. 合同总价款为人民币_____元（大写：_____），该价款已包含税费、包装费、运输费、保险费、安装调试费等所有费用。

2. 支付方式及时间：

预付款：合同签订后_____个工作日内，甲方支付总价款的_____％作为预付款。

到货款：乙方按合同约定交货并经甲方验收合格后_____个工作日内，支付总价款的_____％。

尾款：剩余_____％作为质保金，在质保期满无质量问题后_____个工作日内一次性付清。

第三条　交货与验收

1. 交货时间：乙方应在本合同生效后_____日内完成交货。

2. 交货地点：_____（甲方指定地点）。

3. 运输方式：_____

4. 验收：甲方在收到货物后_____个工作日内进行验收，如有质量问题或数量不符，甲方有权要求乙方退换货或赔偿损失。

第四条　质量保证与售后服务

1. 乙方保证所提供的商品/服务为全新、未使用过的，并符合国家相关标准及双方约定的技术要求。

2. 商品/服务质保期为_____个月，自甲方验收合格之日起计算。质保期内出现非人为损坏的质量问题，乙方负责免费维修或更换。

3. 乙方应提供详细的售后服务方案，包括服务响应时间、服务内容、服务费用等。

第五条　违约责任

1. 如乙方未能按时交货或提供的商品/服务不符合约定要求，乙方应承担违约责任，并赔偿甲方因此遭受的损失。

2. 如甲方未按时支付款项，甲方应承担逾期付款的违约责任，并按日支付逾期付款金额的_____％作为违约金。

3. 本合同任何一方遭受不可抗力事件的影响，从而造成本合同的义务不能履行，根据不可抗力事件影响的程度，可以部分或者全部免除责任；但是遭受不可抗力事件不能履行义务的一方应当在发生不可抗力事件的 24 小时内及时通知另一方，并且在不可抗力事件结束后的 3 个工作日内向另一方提供能够证明不可抗力事件发生、影响范围和影响程度的证明，否则遭受不可抗力事件不能履行义务的一方不得就此免除责任；任何一方延迟履行义务后遭受不可抗力事件的，不能免除责任。

第六条　争议解决

1. 双方因执行本合同发生争议时，应首先通过友好协商解决；协商不成时，可向甲方所在地人民法院提起诉讼。

2. 本合同适用中华人民共和国法律。

第七条　其他事项

1. 本合同自双方签字盖章之日起生效，有效期至____年____月____日止。

2. 本合同一式两份，甲乙双方各执一份，具有同等法律效力。

3. 本合同未尽事宜，双方可另行签订补充协议，补充协议与本合同具有同等法律效力。

甲方（盖章）：_____   乙方（盖章）：_____

法定代表人（签字）：_____   法定代表人（签字）：_____

日期：___年___月___日   日期：___年___月___日

3.2.2 管理合同的执行过程

采购合同的变更管理和索赔管理是确保合同顺利执行、维护双方权益的重要保障。建立健全的管理机制和流程，可以有效应对合同执行过程中可能出现的问题和风险。

1. 变更管理

采购合同的变更管理是指在合同执行过程中，要按照一定的操作和管理流程，对合同中的某些条款，如价格、交货时间等进行修改或补充的过程。合同变更确保变更的合法性、合理性和有效性，同时维护合同的稳定性和双方的权益。合同双方应当建立健全变更管理机制，明确变更流程和责任，确保变更管理的规范性和有效性。

变更管理的流程如下。

（1）提出变更请求：由合同任一方提出变更需求，并详细说明变更的原因、内容和影响。提出请求时应当确保变更请求的合法性和合理性，避免无根据地变更。

（2）评估与分析：对变更请求进行评估，包括变更的可行性、影响范围、成本估算等，确保变更符合双方利益。

（3）协商与确认：双方就变更事项进行协商，达成一致意见后，签署书面变更协议。合同双方应当及时沟通协商，避免变更影响合同执行进度和双方关系。

（4）审批与执行：变更协议需经双方相关领导审批后生效，并据此执行变更后的合同条款。

2. 索赔管理

采购合同的索赔管理是指在合同履行过程中，一方因对方违约或履行合同不符合约定而要求对方承担相应责任的过程。根据索赔依据的不同，可以分为合同索赔和非合同索赔两种类型。合同索赔是基于合同条款进行的索赔，而非合同索赔则是基于法律法规、商业惯例等进行的索赔。合同双方应当建立健全索赔管理机制，明确索赔流程和责任，确保索赔管理的规范性和有效性。

索赔管理的流程如下。

（1）提出索赔申请：受损方根据合同条款、法律法规提出索赔申请，并详细说明索赔的理由、依据和金额。提出申请时应当确保索赔依据的准确性和可靠性，提供充分的证据材料，并且应当在规定时间内及时提出索赔申请，避免超过索赔时效期。

（2）审核与评估：索赔方对索赔申请进行审核，确认索赔的合理性和有效性，必要时可进行现场勘查或专家鉴定。

（3）协商与解决：双方就索赔事项进行协商，达成一致意见后签署索赔协议。争议双方应当加强沟通，争取以友好方式解决索赔纠纷。如无法达成一致，可寻求仲裁或诉讼解决。

（4）执行与监督：按照索赔协议执行赔偿事项，并加强后续监督，确保赔偿到位。

3.2.3　跟踪货物交付情况

采购合同的货物交付跟踪是确保采购活动顺利进行的重要环节，它直接关系到企业生产计划的执行和库存管理的优化。

1. 跟踪货物交付的作用

（1）避免影响生产或销售计划。通过对供应商交期的及时跟踪，可以确保物料按计划到达，从而保证生产计划顺利执行或者电商企业按时销售和发货。

（2）降低库存成本。通过对供应商交付期的准确预测，可以合理安排库存，避免库存积压，降低库存成本。

（3）提升客户满意度。确保货物按时交付，有助于提升客户的满意度和忠诚度。

2. 跟踪的关键步骤

1）明确合同条款

采购合同是采购双方签订的法律性文件，其中明确规定了供应商的交货期限、货物规格、数量等条款。跟踪货物交付的第一步就是仔细阅读合同条款，确认合同中规定的交货时间、交货地点、运输方式、包装要求等具体条件。这些条款是跟踪合同执行的书面依据，双方应当严格按照合同条款执行采购活动，避免产生不必要的纠纷和损失。

2）下达采购订单

根据采购合同的要求，在系统中下达相应的采购订单，明确订购货物的详细信息、交货时间等。与供应商沟通并确认订单中的交货时间，确保双方对交货时间有清晰的认识。

3）订单跟踪

通过采购系统或与供应商建立的信息交流平台，实时监控采购订单的状态，包括订单是否已确认、货物是否已发货、预计到货时间等。与供应商保持密切沟通，及时了解订单执行情况和可能出现的问题。

4）异常情况处理

如发现订单执行过程中出现异常情况（如发货延迟、货物损坏等），及时与供应商沟通协调，并采取相应的补救措施。电商企业应当建立风险预警机制，对可能影响交货的因素进行风险评估，并制定相应的预警机制和应对措施。

5）货物接收与验收

在货物到达后，按照合同约定的方式进行接收，并检查货物的外包装是否完好，并对货物进行详细的验收，包括核对货物数量、规格、质量等是否与合同要求一致。如发现货物不符合要求，应及时与供应商联系并协商解决。在验收过程中，详细记录货物的状态、验收结果等信息，以便后续查询和纠纷解决。

6）供应商评估

根据供应商的交货准时率、货物完好率、服务质量等因素对供应商进行评估，为后续的采购决策提供参考。

3.2.4 货款结算

电子商务供应链采购合同的货款结算涉及买卖双方，即供应商与电商企业之间的资金流转和权益保障，是采购活动中的重要环节。

1. 结算方式

国内目前的货款结算方式主要包括以下几种：

1）现款交易

现款交易即钱货两清，企业购入材料后，立即以现金或银行存款支付货款。这种方式简单直接，但可能增加企业的资金压力。一般货款金额不大的采购会采用这种方式。

2）票据结算

企业购入材料后，以银行汇票、本票、支票等票据支付货款。票据结算方式具有信用度高、结算准确等特点，大额交易和异地交易通常采用这种方式。票据主要包括以下几种。

（1）银行汇票：由出票银行签发的，在见票时按照实际结算金额无条件付给收款人或持票人的票据。

（2）商业汇票：由出票人签发的，委托付款人在指定日期无条件支付确定的金额给收款人或持票人的票据，分为商业承兑汇票和银行承兑汇票。

（3）银行本票：由银行签发，承诺自己在见票时无条件支付确定的金额给收款人或持票人的票据。

（4）支票：以银行为付款人的即期汇票，可以看作汇票的特例，分为现金支票、转账支票和普通支票。

3）赊购

企业购入材料后，货款暂欠，双方约定在一定期限内支付货款。这种方式可以减轻企业的资金压力，但可能增加企业的财务风险。

4）预付货款

在货物交付前，企业提前支付部分或全部货款给供应商。这种方式对供应商有利，但企业需承担一定的资金风险。

5）分期付款

将货款分为若干期支付，每期支付一定金额。这种方式可以减轻买方的资金压力，同时也有利于卖方控制销售风险。

2. 货款结算流程

采购货款结算的流程是一个涉及多个部门和环节的复杂过程，其目标是确保货款能够按照合同约定的方式和时间准确支付给供应商。采购合同的货款结算流程通常如表3-4所示。

表 3-4 货款结算流程

流程		具 体 内 容
前期准备	采购合同签订	采购部门与供应商就采购事项达成一致,签订采购合同。合同中应明确规定货物的规格、数量、价格、交货时间、付款方式、付款时间等关键条款,以免后续因合同内容不明发生纠纷
	供应商备货与发货	供应商根据采购合同的要求进行备货,并按时发货。发货时,供应商应提供一式多联的送货单,详细列明货物的品名、规格、数量等信息
	货物验收	企业仓库或指定部门接收货物,并对货物进行验收。验收内容包括货物的数量、规格、质量等是否与采购合同和送货单一致。如发现货物与合同不符或存在质量问题,应及时与供应商沟通并协商解决。验收合格后,验收人员应在送货单上签字确认,并生成验收单。验收单是货款结算的重要依据之一
发票开具与收集		供应商根据验收单开具合法有效的发票,并寄送给企业采购部门或财务部门。发票内容应与采购合同和送货单一致。采购部门或财务部门应及时收集并核对发票信息
对账处理		采购部门与供应商进行对账,核对货物的数量、单价、金额等信息是否与采购合同、送货单和发票一致。如发现差异,应及时与供应商沟通并查明原因,确保对账结果的准确性
货款支付申请		采购部门根据验收单、发票和对账结果,填写货款支付申请单,并附上相关单据和资料。申请单中应明确货款的支付金额、支付方式、收款人信息等关键信息
货款申请的审核和批准		货款支付申请单需经过企业内部审批流程,包括采购部门、财务部门、上级主管等部门的审核和批准。审批过程中,各部门应认真核对申请单和相关单据的真实性、准确性和合规性
货款支付		审批通过后,财务部门根据货款支付申请单和相关单据,安排货款支付。支付方式可以是银行转账、支票、汇票等。财务部门应确保货款按照合同约定的方式和时间准确支付给供应商。同时,货款结算应遵守国家法律法规和银行结算规定,确保合法合规。此外,在货款支付过程中,付款人员应当提高警惕,确保资金安全,避免遭受诈骗或损失
已付款反馈		货款支付后,财务部门应及时将付款凭证(如银行回单、支票存根等)交给采购部门或相关部门进行存档。采购部门或相关部门应及时与供应商确认货款已收到,并妥善保管相关凭证,以备查验
记录与归档		采购部门或财务部门应将采购货款结算过程中的相关单据、凭证和资料进行分类整理并归档保存。归档资料应包括但不限于采购合同、送货单、验收单、发票、货款支付申请单、付款凭证等

实践应用

A 电子商务有限公司在"618"活动之际计划举办促销活动,根据平时销量、活动期销量和库存量等因素预计需要再采购 1 000 只 HZ 品牌 Z01 型号的智能手表,HZ 品牌的 H01 型号智能手机 600 个(其中 128G 内存的 200 个,256G 内存的 200 个,512G 内存的 200 个),单独的 Type-C 接口手机充电器 400 个。以下为 A 电子商务有限公司与 HZ 公司的采购合同。

<h1 style="text-align:center">××采购合同</h1>

合同编号:_____ 　签订时间:2024 年××月××日

甲方(采购方):

单位名称:A 电子商务有限公司

法定代表人:_____

地址:_____

开户行、账号:_____

联系电话:_____

乙方(供应方):

单位名称:HZ 科技有限公司

法定代表人:_____

地址:_____

开户行、账号:_____

联系电话:_____

　　甲方拟通过电子商务平台向乙方采购指定商品/服务,依据《中华人民共和国民法典》及相关法律法规,甲乙双方在平等、自愿的基础上,经友好协商,达成如下协议:

一、采购商品信息

商品名称、规格型号、数量、单价等具体信息详见下表:

序号	物料名称	物料编码	规格型号	数量	单位	单价	总价	交付时间	供应商名称	备注
1	智能手表	HZSB-001	Z01 型号,具备心率监测、GPS 定位等功能	1 000	个	500 元	500 000 元	2024-××-××	HZ 科技有限公司	
2	智能手机	HZSJ-002-1	H01 型号,128G 内存	200	个	2 000 元	400 000 元	2024-××-××	HZ 科技有限公司	
3	智能手机	HZSJ-002-2	H01 型号,256G 内存	200	个	3 000 元	600 000 元	2024-××-××	HZ 科技有限公司	
4	智能手机	HZSJ-002-3	H01 型号,512G 内存	200	个	4 000 元	800 000 元	2024-××-××	HZ 科技有限公司	
5	手机充电器	HZCDQ-001	C01 型号,Type-C 接口	400	个	20 元	8 000 元	2024-××-××	HZ 科技有限公司	
合计总价:人民币 2 308 000 元(大写:贰拾叁万捌仟整)										

二、交货条款

1. 交货时间:乙方应在合同签订后 30 天内,即 2024 年××月××日前完成交货。

2. 交货地点:甲方指定仓库(具体地址由甲方提前通知乙方)。

3. 包装要求:乙方应按照国家标准进行包装,确保产品在运输过程中不受损坏。

三、验收标准与方式

1. 验收标准:产品应符合国家相关质量标准及双方约定的技术要求,包括但不限于外观、功能、性能等。

2. 验收方式:甲方在收到货物后 5 个工作日内进行验收,如有异议,应在验收后 3 个工作日内书面通知乙方退换货或赔偿损失。

四、付款方式与期限

1. 预付款:合同签订后 3 个工作日内,甲方支付合同总价的 30%,即人民币 692,400 元作为预付款。

2. 尾款支付:甲方在验收合格后,于 7 个工作日内支付剩余款项,即人民币 1,615,600 元。

3. 付款方式:银行转账,具体账户信息由双方另行约定。

五、双方责任与义务

甲方责任:

1. 按时支付货款。

2. 提供必要的协助和配合,确保交货顺利进行。

乙方责任:

1. 按时、按质、按量交付货物。

2. 提供产品合格证明及必要的检验报告。

3. 负责货物运输至甲方指定地点,并承担相关费用(除非另有约定)。

六、违约责任

1. 甲方违约:如甲方未按时支付货款,每逾期一天,应按逾期金额的万分之五支付违约金。

2. 乙方违约:如乙方所交货物不符合质量要求或未按时交货,甲方有权要求退货或换货,并由乙方承担因此产生的所有费用及违约金(具体违约金比例双方可协商确定)。

3. 本合同任何一方遭受不可抗力事件的影响,从而造成本合同的义务不能履行,根据不可抗力事件影响的程度,可以部分或者全部免除责任;但是遭受不可抗力事件不能履行义务的一方应当在发生不可抗力事件的 24 小时内及时通知另一方,并且在不可抗力事件结束后的 3 个工作日内向另一方提供能够证明不可抗力事件发生、影响范围和影响程度的证明,否则遭受不可抗力事件不能履行义务的一方不得就此免除责任;任何一方延迟履行义务后遭受不可抗力事件的,不能免除责任。

七、保密条款

双方应对本合同内容及在合同履行过程中获取的对方商业秘密承担保密义务,未经对方书面同意,不得泄露给第三方。

八、争议解决

1. 双方因执行本合同发生的任何争议，应首先通过友好协商解决；协商不成时，可提交甲方所在地人民法院诉讼解决。

2. 本合同适用中华人民共和国法律。

九、其他条款

1. 本合同自双方签字盖章之日起生效，有效期至合同履行完毕之日止。

2. 本合同一式两份，甲乙双方各执一份，具有同等法律效力。

甲方（盖章）：_____　　　　　　乙方（盖章）：_____

法定代表人（签字）：_____　　　　法定代表人（签字）：_____

日期：_____年_____月_____日　　日期：_____年_____月_____日

📖 **思考与练习**

1. 选择题

(1) 在电子商务供应链采购中，以下哪项不是采购的方法？

A. JIT 采购　　　　　　　　　　B. MRP 采购

C. 电子采购　　　　　　　　　　D. 批量采购

(2) 电子商务供应链中，以下哪项不是供应商绩效评估的常用方法？

A. 利润最大化法　　　　　　　　B. 回归分析法

C. 加权综合评价法　　　　　　　D. 层次分析法

2. 判断题

(1) 集中采购和分散采购是电子商务采购中的两种方法，其中集中采购通常能获得更好的价格和条款。

(2) 在电子商务供应链中，BOM 表（物料清单）仅用于生产制造阶段。

3. 简答题

简述电子商务供应链中采购管理的目标。

4. 计算题

假设你是一家电子商务公司的采购经理，需要根据以下信息编制商品的采购 BOM 表，并计算总采购成本。

商品信息：商品 A：需要材料 X 5 件，材料 Y 3 件。商品 B：需要材料 X 2 件，材料 Z 4 件。

材料成本：材料 X：10 元/件、材料 Y：15 元/件、材料 Z：8 元/件。

采购数量：商品 A：100 件、商品 B：80 件。

项目 **4**

合作共赢:供应商管理

项目导论

在电子商务领域,供应商的选择和管理是一个至关重要的决策过程,它不仅关系到产品的质量和成本,还直接影响到企业的运营效率和市场竞争力。电子商务企业要想建设好供应链系统,就必须与供应商建立良性合作,并做好供应商管理。做好供应商管理需要遵守一定的标准和流程,并用科学适配的方法和技巧进行评估和分析,因此具备一定的理论素养非常重要。

学习目标

知识目标

(1)了解供应商选择的标准;

(2)了解制造商、批发商/分销商与供应零售商之间的关系;

(3)了解 KPI 绩效指标的含义;

(4)了解供应商评估的流程;

(5)了解供应商绩效分析方法。

能力目标

(1)结合实际情况梳理供应商选择的流程;

(2)根据供应商绩效分析的方法为企业筛选合适的供应商。

素养目标

基于科学原理并采用科学方法,选择供应商,进行供应商管理,综合搜集来的信息进行供应商绩效评估。

项目导入

生产基地在国内某西南省的 B 公司是一家家居产品制造与销售公司,非常重视与供应商的长期合作伙伴关系并十分关注供应商的发展情况。近期,B 公司新成立了某电商部门,急需在原有产品的基础上增加一些新产品,以此来带动整体效益的增长。

小田是 B 公司采购部门的一位业务员,采购部门经理对小田下达了任务,要求他:搜集本地某款置物架产品所需的铁架和塑料板的供应商信息，选出 3 个最佳的供应商，并对他们进行绩效分析，交给公司管理人员做最终评估。请思考他应该如何做。

4.1　供应商选择

电子商务企业选择供应商时，应当了解影响供应商选择的因素，明确供应商选择的标准和流程，此外，还需要厘清电子商务的供应关系，做好供应商管理的各项工作。

4.1.1　电子商务供应商选择

1. 供应商选择的影响因素

影响供应商选择的因素众多，这些因素直接关系到企业的生产成本、产品质量、交货时间、市场竞争力等多个方面，选择供应商时需要综合考虑这些因素。

1）产品质量

产品质量是选择供应商时需要考虑的首要因素。供应商提供的产品必须达到或超过电商企业的质量标准，以保证产品的最终质量和客户满意度。

2）供应商报价与综合成本

在选择供应商时，报价低的供应商更具有竞争力，但价格也并非越低越好。企业需要考虑产品价格、运输费用、关税等，以及从长期来看供应商的价格调整策略是否对自己有利等。

3）交货时间与可靠性

在选择供应商时，一定要确保所选供应商能够按照约定的交货时间准时供货，可靠性要高。供应商延迟交货会影响电商企业的销售计划和市场响应速度，可以参考供应商以往的供货交货情况进行初步判断。供应商的生产情况、财务状况也可能影响到交货时间。此外，供应商的地理位置也可能影响交货时间和成本，选择临近的供应商更有利于保证交货时间。

4）财务稳定性

供应商的财务状况良好，可以确保长期合作和供货的稳定性。财务不稳定的供应商可能会因为资金链断裂而无法按时交货或提供优质服务。

5）供应商的生产能力

所选供应商应具备较高的技术水平和足够的灵活性，以适应市场需求和订单变化，生产能力包括更新产品设计和快速调整生产计划、新产品投产等能力。

6）售后服务

选择提供良好的售后服务保证的供应商，可以帮助企业在产品维护、技术咨询和快速响应等方面对顾客做出保证，进而提升客户满意度。

7）守法意识、社会责任感、可持续发展水平以及应急处理能力

在当前的经济环境中，电商企业选择供应商还需要考虑其在遵守市场监管、环境保护

等法规以及承担社会责任、可持续发展等方面的表现。此外,供应商在出现紧急事件时是否有得当处置的能力也很重要,这关乎选择其作为合作伙伴的电商企业的形象和品牌价值。

2. 供应商选择的标准

电商企业选择供应商的标准决定了供应商是否能够满足电商企业的需求,是否能确保供应链的稳定和高效,这些标准一般包括以下方面。

1) 资质认证和生产能力

资质认证和生产能力是选择供应商的基础。电商企业需要确保供应商具备合法的营业执照、税务登记证及相关行业资质。此外,了解供应商的生产规模、员工数量、研发能力等实力也非常重要,这有助于评估供应商的综合能力和稳定性。

2) 产品质量

电商企业需要确保供应商提供的产品质量能够达到公司标准,并且保持稳定。通过实地考察供应商的生产设施、审核质量认证文件,如 ISO 9001 认证,并实施质量控制措施,如定期抽样检查和第三方质量检测,可以有效保证产品质量。

3) 价格与成本

电商企业需要在确保产品质量的前提下,对比不同供应商的价格,选择性价比高的合作伙伴。此外,灵活的支付方式和提前付款折扣等也能帮助企业控制成本。

4) 服务与支持

优质的售后服务和技术支持能够迅速解决问题,避免对业务造成影响。供应商应提供技术培训或产品使用指导,并具备良好的沟通和合作态度。通过模拟服务测试并参考其他客户的评价,可以了解供应商的服务质量。

3. 供应商选择的流程

电商企业选择供应商时,需要建立一个系统而严谨的流程规范,以确保企业能够选择到最符合自身需求的供应商,为企业的持续发展和竞争力提升提供有力保障。

1) 市场分析与需求确定

电商企业要对所在行业的市场环境进行深入分析,包括需求、供应、价格趋势等因素,以确定采购的必要性和紧迫性。根据电商销售周期和市场反应明确所需采购的物资或服务的具体规格、数量、质量要求以及交货期等关键信息。

2) 建立选择供应商的目标与标准,收集供应商信息,确定初步候选名单

在确定需求信息之后,电商企业需要结合自身特点及发展战略目标,明确选择供应商的方向和范围,同时制定详细的供应商评价标准,准确进行下一步的筛选工作,评价标准应当具体、可操作并符合企业的实际需求,通常包含产品质量、价格、交货期、服务能力、信誉度等多个方面。

此外,还需要通过市场调研、行业咨询、参加展会等多种途径收集潜在供应商的基本信息和详细资料。根据收集到的信息结合自己的供应需求,筛选出符合企业基本要求的供应商,形成初步候选名单。

3) 供应商评价与选择

电商企业可以成立由采购部、品质部、技术部等相关部门的专业人员组成的内部评价小组，负责对候选供应商进行全面评价。在条件允许时对候选供应商进行现场评审和实地考察，了解其生产能力、技术实力、质量管理体系等。最后根据评价标准对候选供应商进行综合评价，选择出最符合企业需求的供应商。在这一过程中双方可能需要多次沟通和协商，以达成共识。

4）签订合同与实施合作

在确定供应商之后，还要与选定的供应商签订正式采购合同，明确双方的权利和义务、产品质量要求、交货期、价格等关键条款。按照合同的约定开始实施合作，包括订单下达、生产监控、质量检验、交货验收等环节。在合作过程中，企业应保持与供应商的密切沟通，及时解决出现的问题。

5）供应商持续管理

在履行供应合同时，电商企业作为采购单位还需要定期对供应商的绩效进行评估，包括产品质量、交货期、服务质量等方面。评估结果可以作为未来合作的重要参考依据。对于评估结果较好的供应商，电商企业还可以与其建立长期合作关系，通过互信、互利、共赢的合作机制，促进双方共同发展。

4.1.2　电子商务的供应关系

电子商务中的供应关系是复杂而动态的，涉及制造商、批发商/分销商以及供应零售商等多个主体。这些主体之间相互依存、相互影响，共同构成了电子商务供应链的重要组成部分。以下是对这些主体之间关系的详细解析。

1. 制造商与供应商的关系

制造商与供应商之间主要是合作关系。制造商是产品的生产者，负责产品的设计、开发和生产。在电子商务中，制造商作为供应商，向电商平台或其他销售渠道提供产品。制造商需要确保产品的质量和安全性，以满足电商平台和消费者的需求。电商平台也会对制造商的产品质量进行监管，以保障消费者权益。

同时在某些领域，有的供应商为了获得更大发展可能成立自己的制造工厂，生产相似产品，这时他们之间存在竞争关系，但这种竞争也是产品创新和质量提升的动力。在某些情况下，制造商之间也会通过合作来共同开发新产品、拓展市场或降低成本，例如，共享供应链资源、联合营销等。

2. 批发商或分销商与供应商的关系

批发商或分销商与供应商之间通常会签订分销协议，明确双方的权利和义务、合作范围和目标等。这有助于保障合作的顺利进行。批发商或分销商从供应商处采购产品，然后转售给零售商或最终消费者。他们负责市场推广、销售渠道建设等工作。

在分销环节，不同的批发商或分销商之间可能存在竞争关系，尤其是在同一区域内销售相同或类似产品时。然而，在某些情况下，批发商或分销商之间也会通过合作来共享资源、降低成本或提升市场竞争力，例如，联合采购、共同推广等。

3. 供应零售商与供应商的关系

供应零售商直接从制造商或批发商或分销商处采购产品,然后销售给最终消费者。他们通常拥有自己的销售渠道和销售网络。供应零售商负责产品的展示、销售以及售后服务等工作,直接面对消费者并提供相关服务。

供应零售商直接接触消费者,能够及时反馈市场需求信息给供应商。这有助于供应商调整产品结构、优化生产流程以满足市场需求。同时,供应商也会根据市场需求的变化向供应零售商提供新的产品或服务,以促进双方的合作与发展。

应当注意的是,在如今的电子商务经济环境中,电商企业一般是作为供应零售商的角色出现的,有时也会直接选择制造商作为供应商,这时就需要电商理清与合作伙伴的管理,做好供应商管理工作。

4.1.3 电子商务供应商管理

1. 供应商信息管理

供应商信息管理是企业为了有效地开发和利用供应商信息资源,在供应商管理过程中,对供应商信息进行收集、加工、输入和输出等活动的总称。一个完善的供应商信息管理体系有助于企业更好地了解供应商,为采购决策提供有力支持,从而提升企业的采购效率和供应链管理水平。

1)基本信息

注册信息:包括供应商的全称、注册地址、法定代表人、注册资本、营业执照号码、税务登记号等,了解这些信息可以确保供应商的合法性和可信度。

联系方式:包括电话、传真、电子邮箱、网址、主要联系人及其职务等,掌握这些信息便于日常沟通和紧急联络。

财务状况:包括用于支付货款的开户行及账号信息,信用评级或银行推荐信,以评估供应商的财务状况和支付能力。

背景与文化:包括供应商的成立时间、发展历程、核心价值观、企业文化等,这些信息有助于判断双方的合作契合度。

2)产品信息

产品信息主要包括产品目录和价格与报价单。产品目录要详细列出供应商提供的产品或服务的种类、规格、型号、性能参数等。电商企业可以根据收集来的信息制作并定期更新产品价格表,包括单价、批量折扣、优惠条件等,以进行比价和成本控制。有的供应商还会提供样品与测试报告、相关证书,证明产品质量符合供应链的标准。

3)生产能力信息

(1)生产设备与技术:包括供应商的生产线规模、设备先进性、技术实力及自动化程度等,通过这些信息可以了解其生产效率和产能潜力。

(2)生产管理与流程:包括供应商的生产管理体系、质量控制流程、ISO管理体系认证等,通过这些信息可以判断其生产管理水平和产品质量的稳定性。

(3)产能与增产能力:包括供应商当前的生产能力、未来扩产计划及实现能力,了解供应商的产能及增产能力,有助于判断供应商能否灵活应对市场需求的增长。

4) 质量信息

(1) 质量管理体系:是否建立并有效运行 ISO 9001 等质量管理体系,以及具体的质量控制措施和程序。

(2) 质量认证与荣誉:产品是否通过相关质量认证(如 ISO、UL、TUV 等)、行业奖项和荣誉,也可以证明其质量水平和市场认可度。

(3) 质量记录与反馈:根据供应商以往产品的质量检测报告、客户投诉处理记录及改进措施,可以评估其对质量问题的响应速度和解决能力。

(4) 持续改进与创新能力:供应商在产品设计、生产工艺、质量管理等方面的持续改进计划和创新能力,确保产品质量的持续优化。

2. 供应商执行管理

企业应建立有效的合同执行监督机制,对供应商的合同履行情况进行跟踪和监控,确保供应商按时、按质、按量交付产品和服务。

在执行供应合同过程中,通常涉及供应合同、商品、业务单据等的管理和监控。电商企业在合同执行过程中需要密切关注合同的执行进度,在约定的时间点到期前提醒供应商,在遇到一些事项变化时,如银行收款账户变更或经销改代销等,需要及时联系供应商更改相关信息并通知各个环节的工作人员。

在收货环节还需要结合供应商管理报表来进行监控,对于供应商库存进行查看,建立预警机制,及时统计到货的时效和到货率、商品损坏率、缺货率等。在供应合同执行过程中,由于某种原因导致停止进货、付款时,需要进行冻结管理。冻结分为两部分:冻结供应商部分付款额度——控制付款金额,根据每月的财务预算系统生成付款排程;以及供应商完全冻结,即终止合作或暂停相关业务。

3. 供应商信用评估管理

供应商信用评估管理是对供应商信用状况的全面评估和监督,以确保供应链的稳定性和可靠性的关键环节。供应商信用评估是指企业对其供应商的信用状况进行评估和监督,以便更好地了解其财务稳定性、商业信誉、履约能力等。其目的在于降低供应链风险、提高供应链的可靠性和稳定性,并促进企业的可持续发展。

供应商信用评估管理需要以供应商的经营情况、贸易量、价格水平、信用状况、收付款情况、产品质量、历史交易为参照指标,并结合相应权重,综合评估其信用状况。评估内容包括:

(1) 财务指标,包括供应商的资产负债、利润表、现金流量表等财务报表,用于评估供应商的财务稳定性和盈利能力。

(2) 商业信誉指标,包括供应商的行业声誉、客户评价、员工满意度等,用于评估供应商的商业信誉和形象。

(3) 履约能力指标,包括供应商的交货能力、产品质量、售后服务等,用于评估供应商的履约能力和服务水平。

评估方法一般包括定性评估和定量评估两种。定性评估通过考察供应商的企业文化、管理水平、社会责任等方面的综合水平,对供应商的信用状况进行主观判断。定量评估,则利用数据分析工具和方法,对供应商的财务报表、客户评价、产品质量等数据进行客观分析,以得出更加精准的评估结果。

在进行信用评估管理时,应当注意:企业应建立一支具备专业知识和经验的评估团队,以确保评估过程的公正性和有效性;在评估过程中应保持客观态度,避免主观偏见和利益冲突对评估结果的影响;与供应商保持良好的沟通,确保双方都能充分了解评估结果和改进方向,共同推动供应链的持续改进和优化;对于表现优秀的供应商应给予激励措施,如长期合同、优先采购等;表现不佳的供应商则需要进行约谈,必要时可采取淘汰措施。

📊 实践应用

电子商务供应商选择(给出任务中必要的数据表)

某电商企业计划扩大其电子产品品类的销售,特别是智能手机和平板电脑等热门产品。为了保障产品质量、降低成本并提升市场竞争力,A平台决定对供应商进行严格的评估和筛选。

具体选择过程如下。

(1)初步筛选:

① 首先根据市场调研和用户需求分析,确定所需产品的规格、性能、价格等基本要求。

② 通过网络、行业展会、供应商数据库等渠道,收集大量潜在供应商的信息。

③ 以供应商的基本信息,如公司规模、行业经验、产品范围等为根据,进行初步筛选,剔除不符合基本要求的供应商。

(2)详细评估:

① 对剩余的潜在供应商进行详细的评估,包括实地考察、样品测试、价格谈判等环节。

② 重点评估供应商的生产能力(如生产线规模、自动化程度、产能稳定性等)、质量管理体系(如ISO认证、质量检测流程、客户投诉处理机制等)以及售后服务能力(如保修政策、维修响应速度等)。

③ 此外,还需要考虑到供应商的财务状况、信誉记录、合作意愿等因素。

(3)综合评分与选择:

根据上述评估结果,选出了五个较为适合的潜在供应商,为每个潜在供应商制定了综合评分表(如表4-1所示),涵盖了生产能力、质量、价格、服务、信誉等多个维度。

表4-1 综合评分表

供应商编号	公司名称	生产能力评分	质量管理评分	价格竞争力评分	服务能力评分	信誉评分	综合评分
GYS001	供应商A	90	85	75	80	95	85
GYS002	供应商B	85	90	80	75	85	83

(续表)

供应商编号	公司名称	生产能力评分	质量管理评分	价格竞争力评分	服务能力评分	信誉评分	综合评分
GYS003	供应商 C	75	70	90	90	70	79
GYS004	供应商 D	80	70	90	90	70	80
GYS005	供应商 E	80	75	90	90	75	82

注:各评分项满分为100分,根据实际评估结果打分;综合评分根据各评分项的权重计算得出(权重可根据实际情况调整,此处仅为示例)。

根据综合评分的高低,该企业最终选择了供应商 A 作为合作伙伴。

4.2 供应商绩效评估

采用绩效评估的方法挑选供应商,一般比较客观、科学、公开透明,是进行电子商务供应链的供应商管理必须知晓的内容。电商企业一般采用 KPI 绩效指标进行评估。

4.2.1 KPI 绩效指标的含义

关键绩效指标即 Key Performance Indicators(KPI),是一种用于衡量和评估组织、部门或个人工作绩效的量化指标。这些指标通常被设计为能够直接反映组织战略目标实现程度的重要参数,通过定期跟踪和评估 KPI,组织能够及时了解绩效状况,发现问题并采取相应措施加以改进。

1. KPI 绩效指标的特性

1) 关键性

KPI 强调的是 K,也就是"关键",即这些指标是组织成功实现其战略目标所必须关注和重视的少数几个核心要素。这些指标不是对日常工作的全面描述,而是对影响绩效的关键因素的高度概括。

2) 量化性

KPI 指标必须是可量化的,通常能够以具体的数据形式记录和表现出来,如百分比、数量、比率等。量化指标使得绩效评估更加客观、公正,减少了主观判断带来的偏差。

3) 目标导向性

KPI 的制定必须紧密围绕组织的战略目标进行,确保每一个 KPI 都是对战略目标实现程度的有效衡量。通过跟踪 KPI 的达成情况,组织可以清晰地看到自己在实现战略目标方面的进展。

4) 可衡量性

与量化性类似,可衡量性要求 KPI 必须能够通过某种方式(如数据收集、问卷调查等)进行准确测量和评估。这种可衡量性确保了 KPI 的实用性和有效性。

5）时限性

KPI通常具有明确的时限要求,即需要在一定时间内达到特定的绩效水平。这种时限性有助于组织设定明确的绩效目标,并激发员工为实现这些目标而努力。

6）动态性

随着组织战略目标的调整和市场环境的变化,KPI也需要进行相应的调整和优化。动态性确保了KPI能够持续反映组织的关键绩效因素,为组织提供有价值的参考信息。

2. 电子商务供应商的KPI绩效分析

电子商务供应商的KPI绩效分析是评估供应商表现、确保供应链稳定性和效率的重要环节,一般包括以下方面。

1）时效性

（1）准时交货率:衡量供应商是否能在约定时间内准确交付产品或服务。这一指标直接关系到电商平台的库存管理和客户体验。高准时交货率意味着供应商具有较强的时间控制能力和物流配送效率。

（2）订单响应时间:从接收订单到开始处理订单所需的时间。较短的订单响应时间能够提升客户满意度,减少因等待而产生的焦虑感。

2）交付情况

在考查供应商的交付情况时需要综合考虑交付商品的完整性和质量。完整性就是确保供应商在交付过程中不遗漏任何订单中的商品或服务。这一指标直接关系到电商平台的订单完成率和客户满意度。交付质量就是考查供应商提供的产品或服务是否符合质量标准。高质量的产品或服务能够减少退货和投诉,提升客户忠诚度。

3）商品质量

主要从交付的产品合格率来进行判断,即检测供应商提供的产品是否达到质量标准。高合格率意味着供应商的生产过程控制得当,能够持续提供高质量的产品。此外,商品的投诉解决率也可以作为质量考查的一部分,即供应商是否能够及时、有效地解决客户投诉,这一指标反映了供应商的售后服务能力和问题解决效率。

4）合规合约性

考查供应商是否遵守国家及行业的法律法规,如产品安全标准、环保要求等。合规经营是供应商持续发展的重要保障。供应商的协议履行情况也比较重要,即供应商是否按照合同或协议约定的条款执行。良好的协议履行情况能够增强双方的合作信任,促进长期合作关系的建立。

5）成本效益

主要考查供应商提供的产品或服务的价格在市场上是否具有竞争力。合理的价格能够帮助电商平台降低采购成本,提高盈利能力。除了价格竞争力以外,供应商能否通过优化供应链流程、降低库存成本等方式帮助电商企业实现成本节约也很重要,这也能反映供应商的供应链管理能力。

6）合作关系

对合作关系的考查主要从沟通效率和互信程度两个方面进行。沟通效率即双方是否能顺畅、及时地沟通，良好的沟通是建立和维护合作关系的重要基础，及时有效的沟通对供应商管理至关重要。互信程度就是合作双方是否建立了高度的信任关系，高度的互信能够促进双方在遇到问题时共同协作，寻找最佳解决方案。

7）创新与发展能力

主要从两方面进行考查：其一，供应商是否具备持续的产品创新能力，以满足市场不断变化的需求；其二，供应商是否在生产工艺、物流配送等方面不断引入新技术、新设备，以提高生产效率和服务质量。创新和发展能力强的供应商能够为电商平台提供更多的竞争优势。

4.2.2　供应商绩效评估

1. 供应商评估流程

供应商评估流程是电商企业为确保所采购的产品和服务质量、降低采购风险、提高采购效率而制定的一系列评估和审查措施。该流程通常包括以下几个关键步骤。

1）明确评估目的与标准

确定评估目的，即明确评估的具体目标，如寻找新供应商、评估现有供应商的绩效、优化供应商结构等。在明确评估目的之后，要根据企业需求、采购策略和战略目标，制定详细的供应商评估标准。这些标准可能包括质量管理体系、交货能力、价格竞争力、服务水平、合规性、创新能力、可持续发展能力等多个方面。

2）组建评估团队

需要组建一个由采购部门、质量管理部门、供应链管理部门等多部门代表组成的评估团队。团队成员只有具备专业知识和经验，才能全面、客观地评估供应商。

3）收集供应商信息

通过市场调研、网络搜索、供应商自荐等方式，收集潜在供应商的基本信息，如公司背景、经营范围、注册资本、生产能力等。在这个基础上，还需要对初步筛选出的供应商进行更深入的调查，了解其历史业绩、客户评价、质量问题处理能力等。

4）初步筛选

根据收集到的信息和评估标准，对潜在供应商进行初步筛选，剔除明显不符合要求的供应商。

5）深入评估

对通过初步筛选的供应商进行深入评估，可采取以下几种方法。

（1）文件评估：对供应商提交的质量管理体系文件、交货能力证明、价格报价单、服务承诺书等文件进行审核。

（2）现场考察：对供应商的生产设施、质量控制体系、生产能力等进行实地考察，以验证其实际情况与宣传资料的一致性。

（3）样品检测：对供应商提供的产品样品进行检测，以评估其产品质量是否符合企业要求。

（4）客户反馈：与供应商的现有客户进行沟通，了解其对供应商的评价和意见。

（5）供应商自评：要求供应商填写自评表，对自身在各项评估标准上的表现进行评估。

6）综合评分与决策

根据深入评估的结果，对供应商进行综合评分。评分方法可能包括加权平均法、得分法等，具体取决于评估标准和权重设置。根据综合评分结果，结合企业实际情况和需求，制定与供应商合作的决策。选择综合能力强、与企业战略目标和价值观相匹配的供应商作为合作伙伴。

7）持续监控与评估

与供应商建立合作关系后，企业应持续监控其绩效表现。这包括定期检查供应商的交货准时率、产品质量、服务水平等关键指标。另外还需要定期对供应商进行绩效评估，将评估结果及时反馈给供应商，并与其沟通改进措施和进度。同时，根据评估结果调整合作策略或终止合作关系。通过持续的监控和评估，不断总结经验教训，优化评估体系和方法，提高供应商评估的准确性和有效性。

供应商评估流程是一个动态、持续的过程，需要企业根据自身需求和战略目标不断调整和完善。通过严格的评估流程和细致的评估指标，企业可以筛选出合适的供应商，提高采购效率和供应链稳定性。

2. 供应商绩效指标

供应商绩效指标是衡量供应商在提供产品或服务过程中的表现的一系列量化或定性标准。这些指标有助于企业了解供应商的供货质量、交货准时性、成本效益、服务水平以及合规性等方面的情况，从而为企业制定采购策略、优化供应链管理提供依据。以下是一些常见的供应商绩效指标。

1）质量水平

（1）产品合格率：衡量供应商产品质量符合要求的比率，可通过抽检或全检进行评估。具体指标可能包括批次合格率、抽检合格率、全检合格率等。

（2）不合格损失和质量扣款：计算供应商产品质量问题给企业带来的经济损失以及供应商应支付的扣款，用以衡量供应商质量问题的严重性。

（3）内外部反馈：根据产品入库后本企业员工的检查和试用反馈，以及电商企业售出产品后的顾客反馈，判断产品的质量水平。

2）价格水平

（1）采购成本：衡量供应商报价是否合理，包括原材料成本、人工成本、运输成本等。

（2）成本控制：评估供应商在生产过程中的成本控制能力，包括原材料利用率、生产效率等。

（3）价格竞争力：将供应商的价格与同类竞品的价格做比较，衡量供应商报价相对于竞争对手的优势，以判断供应商的市场地位。

3）研发能力

主要包括企业的信息化水平以及企业在产品开发和技术引进、更新方面的能力。

4）交货能力

（1）交货周期：评估供应商完成产品或服务的周期，以判断供应商的生产能力和效率。

（2）交货准确性：衡量供应商能否按时按量交付产品或服务，包括实际交货时间、交货数量与约定是否一致。

（3）交货稳定性：评估供应商在交货方面的持续性和一致性，以判断供应商的长期合作潜力。

5）合作关系

评估供应商在采购过程中的配合程度和协作能力，包括价格及垫款能力、技术保证能力、改进能力以及信息沟通能力等方面。

6）企业规模生产能力

包括企业供应能力、生产配置和实施能力、总体规模和知名度、同行业竞争地位等方面的能力。

7）售后服务

衡量供应商在产品使用过程中提供的维修、技术支持等售后服务的质量、有效性和及时性。

8）可持续性

评估供应商在合规性、环保、社会责任等方面的表现，以判断是否具备长期合作的基础。

3. 供应商评估体系

供应商评估体系是指企业为了确保所选择的供应商能够满足其采购需求、提升供应链的稳定性和效率，而建立的一套对潜在或已有供应商进行全面评估和筛选的体系和方法。该体系通常涵盖以下几个方面：

1）评估目标与原则

目标：降低采购成本、提高产品或服务质量、增强供应链的灵活性和可靠性。

原则：公平公正、科学合理、注重实效、持续改进。

2）评估内容与标准

（1）基本信息评估包括对企业资质、财务状况、组织架构与人员的评估。

① 企业资质：审查供应商的营业执照、税务登记证、行业许可证等基本资质文件。

② 财务状况：通过财务报表、银行资信证明等评估供应商的财务稳健性和偿债能力。

③ 组织架构与人员：了解供应商的组织结构、管理层团队、员工数量及素质等。

（2）生产能力评估包括对设备水平、工艺流程、生产能力的评估。

① 设备水平：考察供应商的生产设备是否先进、能否满足生产需求。

② 工艺流程：评估供应商的生产工艺流程是否科学合理、质量控制是否严格。

③ 生产能力：基于产能数据和历史订单处理能力，评估供应商的供货能力。

（3）质量评估包括对质量体系、质量历史、样品检测的评估。

① 质量体系：审查供应商是否已通过 ISO 9001 等质量管理体系认证。

② 质量历史：查看供应商过去的产品质量记录、客户投诉处理情况等。

③ 样品检测：对供应商提供的样品进行检测，验证其质量是否符合要求。

（4）价格与成本评估包括对报价合理性、成本控制能力的评估。

① 报价合理性：对供应商的报价进行市场比较，确保其价格具有竞争力且合理。

② 成本控制能力：评估供应商在原材料采购、生产过程中的成本控制能力。

（5）交货与服务评估包括对交货准时性、售后服务的评估。

① 交货准时性：评估供应商在过去交货中的准时率。

② 售后服务：考察供应商在产品售后服务方面的响应速度、处理能力等。

（6）技术与创新评估包括对技术研发能力、创新能力的评估。

① 技术研发能力：了解供应商的技术研发团队、研发成果等。

② 创新能力：评估供应商在产品开发、工艺改进等方面的创新能力。

（7）合规性与可持续发展评估包括对合规性、环保意识、社会责任的评估。

① 合规性：审查供应商是否遵守相关法律法规、行业标准等。

② 环保意识：评估供应商在环境保护、节能减排等方面的意识和行动。

③ 社会责任：考察供应商在劳工权益、社区贡献等方面的表现。

3）评估方法与流程

（1）初步筛选：根据企业的需求和上述评估标准，对潜在供应商进行初步筛选，排除明显不符合要求的供应商。

（2）深入评估：对通过初步筛选的供应商进行深入评估，采用问卷调查、实地考察、样品检测等多种评估工具和方法，全面收集和分析供应商的信息。

（3）综合评分与决策：根据评估结果，对供应商进行综合评分，选择符合企业需求的优质供应商作为合作伙伴。同时，将评估结果和决策理由记录在案，以备后续跟踪和审查。

4）评估周期与动态管理

企业应定期对供应商进行评估和审核，确保其持续符合企业的要求和标准。同时，建立供应商绩效评估机制，对供应商的绩效进行定期跟踪和评估，根据评估结果实施相应的奖励或惩罚措施。此外，企业还应根据市场变化和企业发展需求，不断调整和完善供应商评估体系。

5）持续改进

通过收集供应商评估过程中的反馈信息、总结经验教训等方式，不断改进和完善供应商评估体系。这包括优化评估标准、改进评估方法、提升评估效率等方面的工作。通过持续改进，企业可以更加精准地选择和评估供应商，提高供应链的整体性能和竞争力。

4. 供应商绩效分析方法

在供应商绩效分析中，层次分析法、回归分析法、加权综合评价法以及平衡计分卡是几种常用的方法。每种方法都有其独特的应用场景和优势，以下是对这四种方法的详细分析：

1）层次分析法

层次分析法是一种结合了定性与定量分析的方法，用于处理和分析复杂因素。该方法首先将影响决策的各个元素划分为目标层、准则层、方案层等多个层次；随后，通过对这些层次中的决策因素进行定性和定量的相互分析，计算出各因素在同一层次内的相对重要性次序的权值，即它们的排序；最终，通过综合所有层次之间的计算，得出所有因素在整体决策中的相对重要性次序的权值。

层次分析法可以将供应商绩效评价指标进行层次化分解,通过专家打分确定各层次指标的权重,最后计算得出供应商的综合绩效评分。层次分析法将复杂的决策因素系统化,便于理解和分析;并可以根据具体的决策因素和问题进行调整,灵活、实用;专家评分的方式,可以将定性分析转化为定量分析,提高决策的科学性。这有助于企业对供应商进行全面、客观的评价,为后续的采购决策提供依据。

假设电商企业M公司正在对其供应商进行绩效评估,以优化供应链管理,提高产品质量,带动销量增长。M公司决定采用层次分析法来科学、系统地评估其供应商的绩效。

M公司的目标是评估供应商的综合绩效,以便筛选出表现优秀的供应商,加强合作,对表现不佳的供应商采取改进措施,甚至将其淘汰。M公司根据供应商绩效的关键因素,构建了如表4-2所示的评估指标体系。

表4-2 M公司评估指标体系

一级指标	二级指标和权重	三级指标和权重	评分参考(0~10分)				
			优 (9~10分)	良 (7~8分)	一般 (4~6分)	较差 (2~3分)	差 (0~1分)
产品因素 (0.5)	产品质量 (0.3)	产品合格率(0.4)					
		退货率(0.3)					
		质量认证体系(0.3)					
	成本和价格 (0.3)	产品价格(0.5)					
		物流成本(0.2)					
		价格波动率(0.3)					
	售后服务 (0.2)	问题解决率(0.7)					
		投诉率(0.3)					
	产品柔性 (0.1)	制造柔性(0.3)					
		时间柔性(0.1)					
		数量柔性(0.2)					
		订单响应速度(0.4)					
	交货情况 (0.1)	交货准时率(0.4)					
		交货准确率(0.4)					
		交货提前期(0.2)					
企业因素 (0.3)	财务状况 (0.4)	流动比率(0.3)					
		资产报酬率(0.4)					
		资产负债率(0.3)					

(续表)

一级指标	二级指标和权重	三级指标和权重	评分参考(0~10分)				
			优(9~10分)	良(7~8分)	一般(4~6分)	较差(2~3分)	差(0~1分)
	人力资源(0.3)	职称构成(0.4)					
		学历构成(0.3)					
		人均培训费用(0.3)					
	技术能力(0.2)	科研费用比率(0.7)					
		R&D 投入回报率(0.3)					
	信誉和发展潜力(0.1)	履约率(0.4)					
		市场占有率(0.4)					
		市场增长率(0.2)					
合作兼容性(0.2)	管理和文化(0.6)	战略兼容性(0.4)					
		管理体制兼容性(0.2)					
		文化兼容性(0.4)					
	信息传递与共享(0.4)	信息传递及时率(0.3)					
		信息传递准确率(0.3)					
		信息共享程度(0.4)					

　　M公司各部门相关人员根据职能分工对第三级指标因素进行评分,具体分值尽量基于企业信息系统或者日常管理数据,此外可以将该指标体系和计算方法固化在企业信息化系统中,以实现自动计算。

　　该供应商绩效水平的计算步骤如下:

　　二级指标产品质量的三个因素评分向量:$R_{产品质量}=(9,9,8)$

　　二级指标产品质量三个因素的权重向量:$W_{产品质量}=(0.4,0.3,0.3)$

　　二级指标产品质量的绩效评分:$B_{产品质量}=W_{产品质量} \cdot R_{产品质量}^{T}=8.7$

　　接下来计算出产品因素下的其它几个二级指标——成本和价格、售后服务、产品柔性、交货情况的分值分别为5分、7分、6.5分、8分。

　　则一级指标产品因素的评分向量:$B_{产品因素}=(8.75,7,6.5,8)$

　　一级指标产品因素的评分权重:$U_{产品因素}=(0.3,0.3,0.2,0.1,0.1)$

　　一级指标产品因素的绩效评分:$F_{产品因素}=U \cdot B_{产品因素}^{T}=6.96$

　　同理,$F_{企业因素}=U \cdot B_{企业因素}^{T}=8.12$

　　　　$F_{合作兼容性}=U \cdot B_{合作兼容性}^{T}=5.4$

　　最后,该供应商的整体绩效水平评分为:

$$P_{绩效水平} = 0.5 \times P_{产品因素} + 0.3 \times P_{企业因素} + 0.2 \times P_{合作兼容性} = 6.996$$

通过层次分析法，M公司能够科学、系统地评估供应商的绩效水平，为后续的供应链管理决策提供有力支持。同时，M公司还应关注评估过程中的细节问题，确保评估结果的准确性和可靠性。另外，评估结果可作为供应商管理的重要依据，但不应是唯一的依据。企业还需结合实际情况进行综合考虑。

2）回归分析法

回归分析法是确定两种或两种以上变量间相互依赖的定量关系的一种统计分析方法。在供应商绩效分析中，回归分析可以用来研究绩效指标之间的相关性，以及某个指标对整体绩效的影响程度。

回归分析法能够揭示变量关系，即供应商绩效指标之间的内在关系，为优化绩效提供方向。它还具有预测性，能够基于历史数据，对未来的绩效进行预测。

回归分析可以用来分析如交货准时率、产品质量等关键指标对整体绩效的影响，以及它们之间的相互作用关系。这有助于企业识别影响绩效的关键因素，并采取相应的改进措施。

3）加权综合评价法

加权综合评价法是将多个评价指标转化为一个能够反映综合情况的指标来进行评价的方法。在评价过程中，需要根据重要性给予各评价指标不同的权重，最后计算得出综合评分。

加权综合评价法具有全面性，能够考虑多个评价指标对整体绩效的影响。它还具有灵活性，可以根据企业的实际需求调整权重。

加权综合评价法可以应用于供应商绩效的综合评价中，通过设定合理的评价指标和权重，计算得出供应商的综合绩效评分。这有助于企业快速了解供应商的绩效状况，并做出相应的采购决策。

4）平衡计分卡（Balanced Score Card，BSC）

平衡计分卡是一种绩效管理体系，它从财务、客户、内部运营、学习与成长四个维度出发，将组织的战略目标转化为可衡量的绩效指标。这四个维度相互关联、相互影响，共同构成了组织的绩效评价体系。

平衡计分卡具有全面性，能够从多个维度出发，评价组织的绩效。它还具有战略性，能够将组织的战略目标与绩效评价体系相结合，确保绩效评价与战略目标的一致性。

平衡计分卡可以应用于供应商绩效的战略性评估中。企业可以根据自身的战略目标和需求，从财务、客户、内部运营、学习与成长四个维度出发，设定相应的评价指标和权重，对供应商进行全面、战略性的评估。这有助于企业了解供应商在战略层面的表现情况，为后续的采购决策和供应商关系管理提供依据。

实践应用

T公司是一家主营电子产品及其零部件销售的电商公司，在采购所售的电子零部件时,遇到了一些难以应付的挑战——公司所需的零部件对质量有很高的要求,因此需要识别供应商是否拥有采用先进技术生产零部件的能力;此外,供应商还必须有能力向 T 公司的一百多家全球生产工厂配送零部件。精选出的供应商还需具备降低零部件总成本的能力,且能够持续改善产品质量。T 公司采购战略的一个重要部分就是一方面降低企业现有供应商的数量,另一方面是识别可以提供多种零部件的供应商。T 公司目前在全球共有五十四家供应商,公司计划在淘汰掉一部分供应商,以降低供应商管理成本,提高供应商管理效率和采购效率。

小徐是公司的一位采购部门的业务员,采购部门经理下达任务,要求她对 A、B、C、D 四家供应商的绩效进行评估,淘汰绩效较差的两家供应商。

首先,小徐组织了一个由采购经理、质量工程师、技术人员和财务分析师组成的专家评估小组,针对以下五个关键绩效指标(KPIs)对四家供应商进行了评分:

第一,质量水平:零部件的可靠性、耐用性和符合性。

第二,交货能力:按时交付订单的能力,包括交货速度和灵活性。

第三,价格竞争力:提供的价格与市场平均水平相比的竞争力。

第四,服务支持:售后服务、技术支持和问题解决能力。

第五,财务稳定性:供应商的财务状况,包括信用评级和长期生存能力。

专家评分采用1~10分评价各项指标,分数越高表示表现越好。专家们通过查阅合同条款、询问供应商相关合作商、实地走访等形式对各项指标进行打分,小徐通过对专家的各项评分求解平均值,得出四家供应商的综合评价得分表(见表4-3)。

表4-3 供应商 A、B、C、D 的综合评价得分表

指标	供应商 A	供应商 B	供应商 C	供应商 D
质量水平	8.5	7.0	9.0	6.5
交货能力	7.0	8.5	6.0	9.0
价格竞争力	6.5	7.5	8.0	6.0
服务支持	8.0	7.0	6.5	9.0
财务稳定性	7.5	8.0	6.0	7.0

接着,评估小组通过讨论和两两比较的方式,确定了各KPI的相对重要性,即权重。使用层次分析法中的成对比较矩阵和一致性比率检验,确保权重的合理分配。最终确定上述 5 项指标的权重如下:

质量水平:0.35

交货能力:0.20

价格竞争力:0.15

服务支持:0.20

财务稳定性:0.10

根据专家评分和确定的权重,计算每家供应商的加权总分。计算公式为

$$总分 = \sum_{i=1}^{n} (KPI_i 的得分 \times KPI_i 的权重)$$

其中,n 为 KPI 的数量。

根据上述公式、评分和指标权重,计算四个供应商的加权得分,如表 4-4 所示。

表 4-4　供应商 A、B、C、D 的加权得分

评估对象	加权得分计算	总分(四舍五入)
供应商 A	$8.5 \times 0.35 + 7.0 \times 0.20 + 6.5 \times 0.15 + 8.0 \times 0.20 + 7.5 \times 0.10 = 7.725$	7.73
供应商 B	$7.0 \times 0.35 + 8.5 \times 0.20 + 7.5 \times 0.15 + 7.0 \times 0.20 + 8.0 \times 0.10 = 7.575$	7.58
供应商 C	$9.0 \times 0.35 + 6.0 \times 0.20 + 8.0 \times 0.15 + 6.5 \times 0.20 + 6.0 \times 0.10 = 7.6$	7.60
供应商 D	$6.5 \times 0.35 + 9.0 \times 0.20 + 6.0 \times 0.15 + 9.0 \times 0.20 + 7.0 \times 0.10 = 7.575$	7.58

根据上述分析,供应商 A 和供应商 C 的加权总分最高,表明其在综合考虑产品质量、交货能力、价格竞争力、服务支持和财务稳定性等方面表现最佳。因此,小徐建议公司最终采用 A、C 两家供应商,淘汰 B、D 两家供应商。

思考与练习

1. 选择题

(1) 在电子商务供应商选择中,以下哪项不是供应商选择的影响因素?

A. 价格　　　　　B. 质量　　　　　C. 交货时间　　　　　D. 供应商的市场份额

(2) 供应商绩效评估中,KPI 绩效指标不包括以下哪项?

A. 交货准时率　　　　　　　　　B. 产品合格率

C. 供应商的员工满意度　　　　　D. 订单响应时间

2. 判断题

(1) 供应商管理中,供应商信息管理不包括供应商的财务状况。

(2) 层次分析法只能用于供应商绩效评估,不能用于其他决策问题。

3. 简答题

简述电子商务供应商选择的标准通常包括哪些方面。

4. 计算题

你是一家电子商务公司的采购经理,需要对几个潜在的供应商进行绩效评估。以下是三个供应商的绩效数据:

供应商	交货准时率/%	产品合格率/%	订单响应时间/小时	价格竞争力(1~5 评分,5 最高)
供应商 A	95	98	2	4
供应商 B	90	95	4	5
供应商 C	88	92	3	3

要求：

（1）使用加权综合评价法对供应商进行绩效评估，假设各指标的权重如下：交货准时率（0.3）、产品合格率（0.4）、订单响应时间（0.2）、价格竞争力（0.1）。

（2）计算每个供应商的绩效得分，并确定最佳供应商。

项目 **5**

精度控制：库存管理

📖 项目导论

随着互联网技术的飞速发展和普及，电子商务已成为全球商业活动的主要形式之一，极大地改变了传统商业的运作模式。在电子商务的浪潮中，供应链库存管理作为电商运营的核心环节，其重要性不言而喻。本章将深入论述电子商务环境下的供应链库存管理的相关知识，从理论到实践，全方位解释库存管理的相关概念、作业流程、管理系统、计算公式、考核指标、优化建议等内容。

🗨 学习目标

知识目标

(1) 了解库存管理的基本概念和作用；

(2) 了解库存管理中的入库、储存、出库的作业流程；

(3) 了解仓储管理系统；

(4) 掌握库存周转的概念、周转率、周转天数的概念及计算公式；

(5) 掌握电子商务经济订货量、安全库存、补货的概念及计算公式。

能力目标

(1) 结合电商企业的实际提出优化仓储管理的建议；

(2) 计算库存周转相关数据、经济订货量、安全库存、补货的数据；

(3) 根据库存管理绩效指标的计算公式计算出相关数据。

素养目标

基于科学原理并采用科学方法对电子商务供应链库存管理进行研究，具备较强的调查能力、信息及资料处理能力、复杂的指标计算能力及问题分析处理能力。

📋 项目导入

某电商企业 A 公司销售的产品种类繁多，包括电子产品、服装、家居用品等。仓库面积相对较小，但库存量巨大。库存管理成为该企业面临的一个重要挑战。经过仓库管理人员的分析，库存目前主要存在以下几项问题：

1. 某些商品库存过剩

由于电商企业需要应对复杂多变的市场需求,为了避免因缺货而导致的订单取消和顾客流失,该企业往往会保持较高的库存量。但是由于某些商品的销量表现得达不到预期,长期下来导致部分产品,如某些不太受欢迎的衣服,就会出现库存过剩,造成资金占用和资源浪费。

2. 库存不足

虽然库存过剩是一个问题,但库存不足同样会带来一系列的问题。如有些家居产品由于宣传得当在电商平台直播时出现销量大幅度增加,以至于当前的库存不足,导致订单满足率下降,顾客无法及时收到商品,影响顾客满意度和品牌形象。

3. 库存管理手段简单

该企业在库存管理方面仍然采用传统的手工操作和简单的 Excel 表格,导致库存数据不准确、操作效率低下,无法满足企业快速发展的需要。

仓库管理人员根据以上问题提出了一些解决方案:

1. 优化库存预测

准确的库存预测可以避免库存过剩和库存不足的情况。通过分析历史数据、市场趋势和销售预测等,建立有效的库存模型,预测出合理的库存水平。

2. 引入仓储管理系统

采用现代化的仓储管理系统可以提高库存管理的效率和准确性。系统可以自动记录和跟踪库存变动,实时更新库存数据,具备库存盘点和调配的功能。

3. 引入自动化设备

自动化设备如智能仓储系统、自动化货架等可以提高仓库操作效率,并减少人为错误的发生。自动化设备可以实现货物的自动存储、检索和分拣,大大提高仓库的出入库效率。

4. 数据分析和优化

借助数据分析工具,对库存数据进行深入分析可以发现潜在的问题和优化的空间。通过分析库存周转率、库存成本和库存周期等指标,制定相应的优化策略。

5.1　库存管理

进行电子商务库存管理必须掌握库存管理的基本概念、作用,厘清库存管理的作业流程,建立并使用仓库管理系统。由于仓库管理的流程和系统会随着信息技术的发展、市场的变化等不断改进,供应链管理人员还需要不断学习新技术、新知识,掌握优化仓库管理的方法,发现并有效解决其中的问题,将最新的互联网技术、数字技术等新兴技术应用其中,使库存管理更加智能高效。

5.1.1　库存管理基本知识

1. 库存管理的基本概念

库存一般是指仓库中暂时搁置以备未来需要的物质资源。广义的库存还包括处于加工制造状态和在途运输的物品。

库存管理指的是在企业的生产经营活动中，对库存物品的数量、结构、存放地点等进行有效的计划、组织、控制和协调的过程。库存管理的目标是确保库存物品的合理储备，满足生产经营活动的需求，同时降低库存成本，提高库存周转率和资金使用效率。库存管理涉及库存需求的预测、库存量的控制、库存物品的存储与保管、库存信息的记录与分析等多个方面。

2. 库存管理的作用

（1）库存是连接生产与销售的桥梁，合理的库存管理，可以确保生产活动顺利进行，避免因为原材料短缺或成品不足而造成生产进度和交货期的延误。

（2）库存会占用企业大量资金，通过有效的库存管理，可以优化库存结构，减少不必要的库存积压，降低库存持有成本和仓储成本，提高资金周转率。

（3）库存周转率是衡量库存管理效率的重要指标。通过加快库存周转，可以减少对资金的占用，提高资金利用效率，同时减少库存损耗和过期风险。

（4）市场需求具有不确定性，通过合理的库存管理可以建立一定的安全库存，以应对市场需求的波动，保证供应链的稳定性和可靠性。

（5）库存管理涉及企业内部的多个部门和环节，通过统一的库存管理和调度，可以优化资源配置，减少资源浪费，提高整体运营效率。

（6）库存信息是企业管理决策的重要依据。通过分析库存数据，可以了解企业的销售情况、生产情况和库存情况，为企业的战略规划、生产计划、销售计划等提供有力支持。

3. 库存的作业流程

电子商务的库存作业流程是一个复杂而有序的系统，主要包括入库、储存、出库三个部分（见图 5-1）。

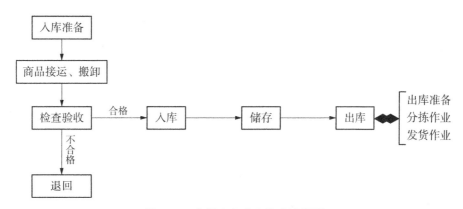

图 5-1　电子商务库存作业流程图

1）商品入库

当电商平台的商家将商品送至仓库时，仓库管理员会核对商品的数量、规格等信息，并确认商品是否符合入库要求。

仓库会进行商品检验，检查商品是否存在损坏、缺陷等问题。如有问题，将及时与商家沟通处理。

检验合格后，仓库会将商品进行入库登记，记录商品的基本信息，如商品名称、数量、规格、生产日期等，并更新库存信息。

2）储存

为了方便管理和查找，仓库会将商品按照不同的标准进行分类存放，如按照商品类型、品牌、规格等进行分类，并根据商品特性和存储要求选择合适的货架和存储位置进行上架。

定期进行库存盘点，确保库存数量与实际库存相符，及时发现和处理库存异常情况。盘点分为全盘点和部分盘点两种，前者对仓库内所有物料、商品进行盘点，后者对特定区域或品类进行盘点。

当库存数量低于一定阈值时，系统会自动发出预警，提醒商家或采购部门及时补货。同时，根据销售情况和库存情况进行合理的库存调拨，以保证各个仓库的库存水平均衡。

3）出库

当消费者在电商平台上下单后，订单信息将传输至仓库管理系统。

根据订单信息，仓库工作人员会进行商品拣选，确保拣选的商品数量、规格等信息与订单一致。拣选完成后，仓库工作人员会对商品进行打包，选择合适的包装材料，并对商品进行合理包装，以确保商品在运输过程中不受损坏。

打包完成后，仓库会安排发货，将商品发往消费者指定的地址，并将物流信息录入系统。消费者可以通过电商平台或物流公司网站查询物流信息，了解订单的配送状态和预计送达时间。

5.1.2 库存管理的具体流程

1. 入库作业流程

首先做好入库前准备，仓库需要进行验收检查，再进行货物分类和货物上架等工作，不合格的需要退回供应商或先入残品库，只有验收合格后才可以被正式接收。入库作业流程图如图 5-2 所示。

1）接收货物

（1）货物验收：收货方需要检查货物数量与订单是否一致，核对货物型号、规格、质量等是否符合要求，记录验收结果，并签字确认。检验不合格的货物需要退回供应商或者先入残次品库，待后续与供应商协商后进行处理。接着，填写入库表并进行入库交接工作，库存管理人员需要安排库位、搬运、堆码、验收。

（2）货物登记：货物登记就是将验收合格的货物录入库存系统，更新库存数量、位置等信息，生成入库单，并存档备查。

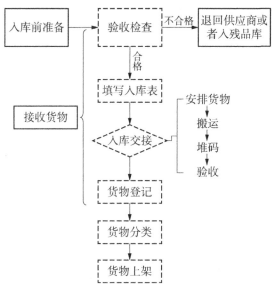

图5-2 电子商务入库作业流程图

2）货物分类

（1）分类标准制定：电商企业可以根据商品属性、销售情况等因素制定分类标准，确定分类标签和存放区域。

（2）分类执行：按照分类标准对货物进行分类，将分类后的货物放置到指定区域，新入库的货物也需要根据已有的分类标准搬运到正确位置，入库后要更新库存系统中的分类信息。

3）货物上架

（1）货架规划：根据仓库布局、货物特性等因素规划货架布局，确定货架高度、层数、承重等参数。

（2）上架操作：将货物按照规划好的货架位置进行上架，使用标签或扫码等方式记录货物位置信息，新货物入库上架之后需要同时更新库存系统中的货物位置信息，以便出库时操作方便。

2. 存储作业流程

存储作业指的是在货物入库之后，将货物放在相应库区并对库区进行整理，并对整理好的货物进行科学管理。存储作业流程如图5-3所示。

1）库区整理

货物入库后，库区要按照要求进行整理，有时还需要换箱和换包装。整理之后进行堆码。

商品堆码是指商品的堆放形式和方法。将货物进行合理堆码可以维护货物质量、保证货物安全、充分利用库房容积和提高装卸作业效率，也方便后续取货时采用机械作业，是储存的一项重要技术工作。堆码要遵守合理、牢固、整齐、节约、先进先出等要求，应符合安全、方便、多储的原则。要根据商品的种类、性能、数量、包装情况，以及库房高度、储

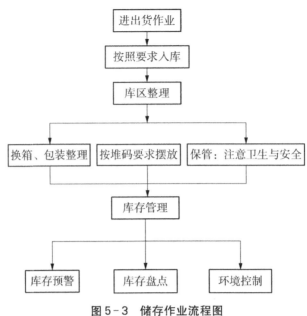

图 5-3　储存作业流程图

存季节等采用不同的堆码方法。常用的堆码方法有重叠码、交叉码、压缝码、连环码、梅花码等。

入库货物完成堆码后即进入正常的保管阶段,该阶段主要的工作是对存储的商品进行养护和管理。仓库内商品的保管原则有以下九条。

(1) 将货物面向通道进行保管:这样的方式方便货物出入库以及在仓库内移动,可以提高仓库作业效率,减少搬运时间和成本。

(2) 尽可能向高处码放,提高保管效率:尽量向高处码放可以有效利用库内容积,同时为了避免破损、保证安全,应尽可能使用棚架等保管设备。这样可以最大化利用仓库空间,提升存储能力。

(3) 根据出库频率选定位置:为了减少搬运距离和时间,提高出入库效率,进出库频率高的货物种类应放在靠近出入口、易于作业的地方;流动性差、进出库频率较低的货物商品应放在距离出入口较远的地方;季节性商品则依其季节特性来选定放置的场所。

(4) 根据商品种类集中保管:为提高作业效率和保管效率,同一种类的商品或类似商品应放在同一地方保管。这样也可以使得员工更加熟悉库内商品的位置,员工对库内商品放置的位置越熟悉,商品出入库时间越短,将类似的商品放在邻近的地方也可以便于管理和查找,减少错误和混乱,提高效率。

(5) 根据商品重量安排保管的位置:将重物置于地面或货架下层,轻物置于货架上层。需要人工搬运的大型物品则以腰部的高度为基准。这样做可以保证安全,防止在搬运过程中发生意外。

(6) 依据形状安排保管方法:为了有效利用空间,防止货物变形或损坏,依据商品形状进行保管也是很重要的,如标准化的商品应放在托盘或货架上保管。

（7）先进先出：对于易变质、易破损、易腐败或机能易退化、老化的物品，为了确保商品的新鲜度和有效性，减少损失，应尽可能按照先进先出的原则，加快周转。

（8）安全码放：在码放货物时，要确保货物稳固、安全，防止倒塌或滑落，保护人员和货物的安全，减少事故风险。

（9）特殊保管：对于有特殊保管要求的物品，如易燃、易爆、有毒的危险品，需要采取特殊的保管措施，如单独存放、加强监控等，确保安全，防止事故发生。

2）库存管理

（1）库存盘点：定期进行库存盘点，核对库存数量与系统记录是否一致；处理盘盈盘亏情况，并调整库存记录。

（2）库存预警：设置库存预警阈值，当库存低于预警值时自动提醒；分析库存变化趋势，预测未来需求并调整采购计划。

（3）环境控制包括温度湿度控制和安全防护。

① 温度湿度控制：根据货物特性设置适宜的存储温度和湿度范围；使用温湿度监测设备，实时监控环境参数；采取措施调节环境参数，确保货物质量。

② 安全防护：加强仓库安全管理，防止盗窃、火灾等安全事故发生；定期检查仓库设施，确保安全性能良好；制定应急预案，应对突发事件。

3. 出库作业流程

出库作业流程是一个涉及多个环节的复杂作业过程，为确保客户订单能够准确、高效地处理和配送，出库作业需要严格遵守流程规范。电商出库的一般流程是：收到客户下单并支付成功的提示之后，审核订单信息并生成出库单，接着安排拣货、包装和运输装车，最后配送到客户手上。出库作业流程如图 5-4 所示。

1）订单审核

当客户在电子商务平台上下单并支付成功后，电商平台会将订单信息下发到企业系统中。销售管理人员或订单处理团队会对订单的基本信息，包括收货地址、物流类型、付款状态等进行审核，以确保订单的准确性和有效性。

2）生成出库单

订单审核通过后，仓库管理系统会根据库存情况自动生成出库单。

出库单中会详细列出需要出库的商品信息、数量、收货人地址等关键信息，作为后续拣货和发货的依据。

3）拣货作业

仓库管理员或拣货员根据出库单上的商品信息，到指定的货位上拣选商品。在拣选过程中，要进行数量核对和品质检查，确保所拣选的商品与订单要求一致。

拣选完成后，将商品放置在待发货区域，准备进行后续的包装和发货作业。

4）包装作业

仓库管理员或包装员根据商品的大小、形状和重量，选择合适的包装材料和方式进行包装。在包装过程中，还会打印并粘贴快递单、订单号标签等必要信息，以便物流公司进行识别和配送。包装完成后，将商品放置在发货区域，等待装车。

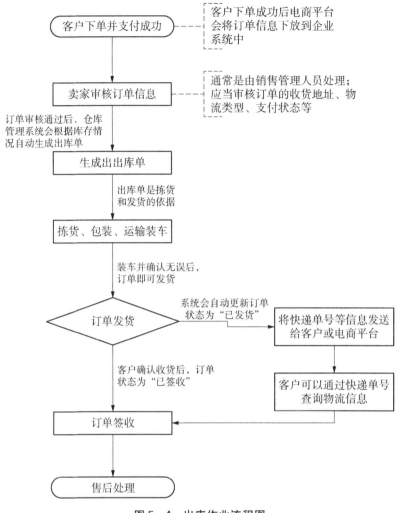

图 5-4 出库作业流程图

5）运输装车

根据订单需求和物流公司的安排，仓库管理员或物流团队会将已包装好的商品装入相应的运输工具中。在装车过程中，对每个包裹进行标记和编号，以确保运输过程中不会混淆或丢失。装车完成后，将装车清单发送给物流公司，以便其进行后续的配送工作。

6）订单发货与物流跟踪

包裹装车并确认无误后，即可发货。仓库管理系统会自动将订单状态更新为"已发货"，并将快递单号等信息发送给客户或电商平台。

客户或电商平台可以通过快递单号查询物流信息，了解订单的配送进度和状态。

7）订单签收与售后处理

当客户收到货物后，会在签收单上签字确认，物流公司会将签收单信息反馈给电商平台。电商平台会判断签收单的有效性，并更新订单状态为"已签收"。如果客户对收到的商品有任何问题或需要退货换货，电商平台会按照售后流程进行处理，包括接收退货申请、审核退货原因、安排退换货等。

5.1.3　仓库管理系统

仓库管理系统(Warehouse Management System，WMS)是一个实时的计算机软件系统，它能够按照业务规则和运算法则，对信息、资源、行为、存货和分销运作进行更完美的管理，以提高效率。

WMS系统通过集成软件、硬件和管理经验，实现了仓库业务的全面自动化和信息化管理。它不仅包括了收货、存储、拣选、装运、盘点等基本功能，还涉及订单管理、货物跟踪、仓库布局优化、劳动力管理等多个方面。通过实时数据采集和处理，WMS系统能够提供准确的库存信息和操作指导，帮助企业优化仓库运营，提升竞争力。WMS系统广泛应用于各种仓储和物流管理场景，是现代物流和仓储管理的重要工具。

1. 主要功能

1)库存管理

WMS系统可以跟踪和管理仓库内的所有货物和库存，实时更新收货、存储、拣选、装运和盘点等环节的数据，确保库存数据的准确性。

2)订单管理

WMS系统可以处理和管理订单，包括接收订单、分配库存、拣货、打包发货和跟踪订单状态。通过优化订单处理流程，提高订单履行速度。

3)货物跟踪

WMS系统可以实时追踪货物的位置和状态，以便及时响应客户查询，提供准确的货物信息。

4)仓库布局优化

WMS系统可以用图形直观展示仓库内的商品分布(如图5-5所示)，通过优化仓库布局和存储策略，最大限度地提高仓库空间利用率和工作效率。

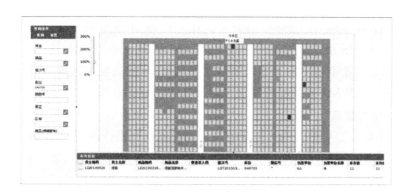

图5-5　WMS系统中的仓库商品分布图

5)人力管理

WMS系统可以有效分配和管理仓库内的人力资源，确保工作任务的合理分配和高效执行。

6）报告和分析

WMS 系统可以用多种形式的报表实现库存情况的可视化，生成各种报告和分析结果，帮助管理者了解仓库运营情况，发现问题并制订改进计划。

2. 特点

WMS 系统具有以下特点。

（1）实时：实现了数据流和实物流的同步，全面掌控仓库当下库存、单据状态、任务执行各方面的情况；

（2）高效：实现了对作业的全方面指导，通过上架策略、分配策略、补货策略的设定，以及作业路径的全方面优化，有效提高了员工作业效率、库位利用率和库存的周转率；

（3）准确：通过对关键作业环节数据的确认和对系统的监控，有效避免了作业错误，保证了系统数据的准确；

（4）灵活：通过灵活配置及定制系统参数和策略，可全面支持企业物流业务的不断发展。

3. 作用

对于企业而言，WMS 系统具有以下作用。

（1）提高库存准确性：通过实时跟踪库存状态，减少人为错误，确保库存数据的准确性。

（2）优化仓库空间利用：智能优化仓库布局，最大化利用仓库空间，减少库存积压。

（3）增强操作效率：通过自动化作业流程，如自动分拣、自动打包等，提高仓库操作效率。

（4）改善订单履行速度：通过优化订单处理流程，减少订单处理时间，提高订单履行速度。

（5）提升客户满意度：快速、准确的订单履行能提高客户满意度，增强客户忠诚度。

4. 应用场景

WMS 系统可广泛应用于制造业、零售业、电子商务、第三方物流、医药行业等多个领域。在制造业中，WMS 系统能够帮助企业优化生产计划、减少库存成本、提高订单准确率；在零售业中，WMS 系统能够实时跟踪库存情况，优化订单处理流程，提升供应链管理水平；在电子商务行业中，WMS 系统能够快速处理订单，提高发货速度，降低配送成本；在第三方物流企业中，WMS 系统能够实现自动化操作和智能分拣，提高仓库作业效率。

5. 系统实施与集成

实施 WMS 系统需要深入理解企业的业务流程和仓库操作流程，并可能需要对现有流程进行调整和优化。系统在实施过程中可能会使用到 RFID 读写器、条形码扫描器、传感器等物联网硬件设备，以实现对货物的快速识别和跟踪。同时，WMS 系统通常需要与企业的 ERP 系统或其他物流系统集成，以实现更高效的物流管理。

5.1.4 仓储管理优化方法

仓储管理优化方法主要包括 EIQ 分析法、EOQ 分析法、ABC 分类法和 PCB 分析法。

通过综合运用这些方法，企业可以优化分拣作业方式、合理化仓库库容、提高库存管理水平并合理选择仓储设备，从而提升仓库运营效率和市场竞争力。

1. EIQ 分析法

EIQ 分析法是一种优化仓储管理中的分拣作业的方法。它通过分析订单数量（Entry）、订单品项（Item）和订单数量（Quantity）来挖掘仓储作业的优化空间，从而制定出更合理的分拣策略。EIQ 分析法具有以下功能。

（1）数据分析：EIQ 分析法需要收集并分析历史订单数据，包括订单数量、品项和数量分布。

（2）策略制定：基于数据分析结果，制定适合的分拣策略，如采用摘果拣选或播种拣选方式。

（3）仿真与优化：结合仓储系统仿真，进一步验证和优化分拣策略，以提高分拣效率和准确性。

2. EOQ 分析法

经济订货量（Economic Order Quantity，EOQ）分析法是确定订货量（补货量）的一种方法。它将仓储成本纳入模型计算，同时考虑仓库的空间限制，以综合评估补货量的合理性。EOQ 分析法具有以下功能。

（1）成本计算：将仓储成本（如存储成本、订货成本、缺货成本等）纳入模型，计算不同补货量的成本。

（2）空间评估：根据仓库空间，确定合理的库存水平，避免爆仓。

（3）安全库存：按照安全库存策略，合理设置不同物料的库存量，以应对缺货风险。

3. ABC 分类法

ABC 分类法就是依据库存品的数量及其价值，将库存物品分为三类，并分别采取不同的管理策略。这样做能够合理分配有限的资源，既保证了对少数品种的有效管理，又能照顾到一般品种，从而保证了绝大部分的效益。

A 类：数量较少但价值在整个库存量总值中的比例很高，15%～20%的项目通常占75%～80%的总值。

B 类：数量多而价值不高，30%～40%的项目通常占 5%～10%的总值。

C 类：数量很多而价值总量很少，40%～50%的项目通常占 5%～10%的总值。

根据 ABC 分类法的库存物资分类一般如图 5-5 所示。当然，图中的 A、B、C 区对应的具体数值根据电商企业的不同实际情况而定，最终实际的划分区域也不一样。

在根据 ABC 分类法对库存物资进行分类后，可以对不同类别的物料采用分类管理的方法，并采用不同的策略，最终实现供应链协同。

（1）分类管理：对物料进行分类，优先管理高价值的 A 类物料，以确保其供应。

（2）库存策略：针对不同类型的物料制定不同的库存策略，如 A 类物料采用定点库存，B 类物料采用定期盘点，C 类物料采用订单制管理。

（3）供应链协同：通过供应链协同，调整物流计划，优先处理重点客户或高需求物料的订单。

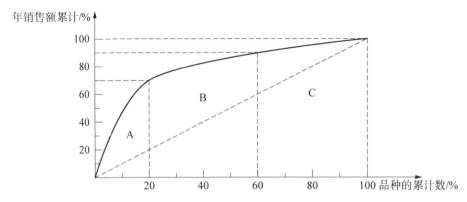

图 5-5　根据 ABC 分类法的库存物资分类图

4. PCB 分析法

PCB 分析法(储运单位分析)是从存储单元的角度对物料进行细分,分析物料在入库、存储、拣选和出库等环节的储运单位类型,以优化仓储设备的选择。PCB 分析法具有以下功能。

(1)储运单位分析:分析物料的入库单位、存储单位、拣选单位和出库单位,了解其储运需求。

(2)设备配置:根据储运单位分析结果,合理配置储存、分拣和搬运设备,以提高仓储作业效率。

(3)优化策略:结合仓储系统仿真和交叉分析(如与 EIQ、ABC 分析结合),进一步优化设备配置和储运策略。

 实践应用

对库存作业流程进行优化

某知名电商企业 A 由于对当前的市场环境过于乐观,在今年上半年与电子产品类商品供应商签订了较多订货合同,在下半年面临着库存成本高、库存周转率低及客户满意度下降的问题。为了提升运营效率和客户满意度,该企业决定对库存作业流程进行全面优化,通过数据采集分析出可能存在的问题及解决方法。

一、数据采集与分析

1. 步骤 1:数据收集

首先,A 企业从多个系统(如 ERP、WMS、CRM 等)中收集了以下关键数据。

(1)历史销售数据:每日、每周、每月各类商品的销售量。

(2)库存数据:各仓库的库存量、库存周转率、滞销品情况。

(3)退货数据:各商品退货率、退货原因。

(4)客户反馈数据:客户对库存缺货、发货延迟等的投诉记录。

表 5-1、表 5-2、表 5-3 分别为某品牌智能手机 A1 和 A2 的历史销售数据、库存数

据和退货数据。

表 5-1　历史销售数据

商品 ID	销售月份	销售数量
A1	2023-01	500
A1	2023-02	600
A2	2023-01	400

表 5-2　库存数据

仓库 ID	商品 ID	库存量	库存周转率
W001	A1	1 000	1.5
W001	A2	800	1.2

表 5-3　退货数据

商品 ID	退货率	退货原因分类(%)
A1	5%	质量问题:30%
		不符合描述:40%
A2	3%	物流损坏:50%

2. 步骤2:数据分析

利用数据分析工具,A企业对收集到的数据进行深入分析,识别出以下问题。

(1) 库存积压:部分商品(如A1)库存量过高,导致库存周转率低。

(2) 缺货问题:热销商品(如A2)在促销期间频繁缺货,影响客户满意度。

(3) 高退货率:部分商品退货率较高,且主要集中在质量问题和不符合描述上。

二、问题识别

根据数据分析结果,A企业明确了库存作业流程中存在以下主要问题。

(1) 库存预测不准确:传统的库存预测方法无法准确预测季节性或促销期间的销售需求。

(2) 库存分配不均:不同仓库间的库存分配不合理,导致部分仓库库存积压,部分仓库缺货。

(3) 退货处理流程低效:退货处理流程烦琐,且缺乏有效的退货原因分析机制。

三、优化作业过程

1. 引入智能库存管理系统

A企业决定引入智能库存管理系统,该系统能够实时跟踪库存情况,自动分析销售趋势,实现精准的需求预测和动态补货。表 5-4 为智能库存管理系统优化效果预测。

表5-4　智能库存管理系统优化效果预测

指标	优化前	优化后预测
库存周转率(A1)	1.5	2.0
缺货次数(A2)	5次/月	1次/月
退货率降低比例(A1)	—	30%

2. 优化库存分配策略

通过数据分析,A企业重新制定了库存分配策略,确保热销商品在多个仓库间均匀分布,减少缺货风险。

3. 改进退货处理流程

A企业简化了退货流程,增设退货原因分析模块,对退货商品进行分类处理。对于质量问题频发的商品,加强质量控制和供应商管理。表5-5为退货处理流程优化前后的对比。

表5-5　退货处理流程优化前后对比

流程环节	优化前	优化后
客户提交退货	填写复杂表单	一键提交退货申请
退货原因分析	人工判断	系统自动分类并分析原因
处理时间	平均7天	平均3天(紧急情况1天)
退货处理结果	人工通知客户	系统自动通知客户并跟进

四、实施与监控

1. 实施阶段

A企业组织相关部门进行培训,确保员工能够熟练操作新的库存管理系统和退货处理流程。同时,调整仓库布局,优化库存存储结构,以支持新的库存分配策略。

2. 监控与评估

实施后,A企业设立专门的监控小组,定期收集和分析库存数据、客户满意度数据等指标,评估优化效果。监控小组还负责及时解决实施过程中出现的问题,确保优化措施的有效执行。表5-6为优化实施后的效果评估。

表5-6　优化实施后的效果评估表

评估指标	优化前数据	优化后数据(实施后3个月)	改进幅度
库存周转率(整体)	1.2	1.5	+25%
缺货次数(热销商品)	20次/月	5次/月	−75%
平均退货率	4%	2.8%	−30%
客户对库存情况的满意度	75%	90%	+15%
库存管理系统使用效率评分	—	8.5/10(满分10分)	—

5.2 库存周转

做好电子商务库存周转工作需要先了解库存周转的概念，以及库存周转工作经常使用的库存周转率、库存周转天数这两项数据的概念、计算公式和应用场景，知晓提升库存周转率和缩短库存周转天数的方法。此外还需要弄清电子商务经济订货量、安全库存、补货的概念和计算公式。

5.2.1 库存周转的概念

库存周转是指企业为了完成商品流转计划，保证市场正常供应，保持一定数量的商品库存。库存周转率，又称存货周转率或库存周转率，是衡量企业生产经营环节中存货运营效率的一个重要指标。它反映了企业存货从购入到销售（或耗用）的速度，即存货的流动性及存货资金占用量是否合理，是衡量和评价企业购入存货、投入生产、销售收回等各环节管理状况的综合性指标。

5.2.2 库存周转率、库存周转天数的概念、计算公式

库存周转率的计算公式有多种，但基本的思路是比较一定时期内销售成本（或销售收入）与平均库存成本（或平均库存量）的比率。常用的计算公式包括：

存货周转率（次数）＝销货成本÷平均存货余额

其中，平均存货余额＝（期初存货＋期末存货）÷2

这一指标反映了存货周转速度，存货周转率越高，表明其变现的速度越快，周转额越大，资金占用水平越低。

存货周转天数反映存货周转一次所需要的天数，即存货转换为现金或应收账款所需要的平均时间。天数越少，说明存货周转得越快。其计算公式如下：

存货周转天数＝计算期天数÷存货周转率（次数）

库存周转率的提高，意味着企业减少了存货的积压，降低了存货的储存和管理成本，同时也可能意味着企业能够更好地适应市场需求的变化，减少因产品过时或市场需求变化而导致的损失。然而，过高的库存周转率也可能意味着企业的采购策略过于激进，或者销售预测过于乐观，导致库存水平过低，无法满足突发需求。

5.2.3 库存周转率和库存周转天数的应用场景

库存周转率和库存周转天数是衡量企业库存管理效率的重要指标，它们在多个应用场景中发挥着重要作用。

1. 库存周转率的应用场景

1）评估库存管理效率

库存周转率反映了库存货物在一定时间内的周转次数，是衡量库存流动速度的重要指

标。周转率越高,说明库存商品销售或消耗得越快,库存管理效率越高。企业可以通过与行业标准或历史数据进行对比,评估自身的库存管理效率,从而发现潜在的问题和改进空间。

2）优化库存结构

通过分析库存周转率,企业可以了解各类商品的销售速度和销售周期,从而确定合理的库存量,避免库存积压和浪费。企业还可以根据周转率分析的结果,调整商品结构,提高畅销商品的库存占比,降低滞销商品的库存量。

3）制定经营策略

库存周转率分析为企业决策者提供了库存管理的关键绩效指标,有助于制定更加科学合理的经营策略。企业可以根据库存周转率的变化趋势,预测市场需求变化,从而调整采购计划、生产计划和销售计划等。

4）提升财务绩效

库存周转率的提高意味着企业能够更快地回收资金,降低资金占用成本,提高企业的资金利用效率。这有助于企业提升整体财务绩效,增强市场竞争力。

2. 库存周转天数的应用场景

1）衡量库存滚动变化情况

库存周转天数反映了企业库存商品的平均周转天数,是衡量库存滚动情况的重要指标。通过计算库存周转天数,企业可以了解库存商品从入库到销售所需的时间,从而评估库存的流动性和管理效率。

2）控制库存风险

库存周转天数越短,说明企业库存管理效率越高,资金占用越少,风险也越小。相反,库存周转天数越长,说明企业库存管理效率越低,资金占用越多,风险也越大。因此,企业可以通过控制库存周转天数来降低库存风险。

3）指导库存管理决策

企业可以根据库存周转天数的变化情况,调整库存管理策略。例如,当库存周转天数过长时,企业可以采取促销、降价等措施,加快库存周转;当库存周转天数过短时,则可能需要增加库存量以满足市场需求。

4）优化供应链管理

库存周转天数也可以反映供应链管理的效率。企业可以通过与供应商、分销商等合作伙伴的协同合作,优化供应链管理流程,缩短库存周转时间,提高整体运营效率。

5.2.4 提升库存周转率和库存周转天数的方法

提升库存周转率和缩短库存周转天数需要企业从多个方面努力,包括优化库存管理、提高销售预测准确性、优化供应链管理、加快产品周转、减少生产批量、提高员工参与度和培训以及加强仓储和物流管理等。这些措施的综合运用将有助于企业提高运营效率、降低库存成本并增强市场竞争力。

1. 提升库存周转率的方法

电商企业可以通过以下方法提升库存周转率。

1）优化库存管理

采用先进的库存管理系统（如ERP系统），实时监控库存水平，确保数据的准确性和及时性。

实施ABC分类管理法，对库存物资按照价值、重要性进行分类，重点管理高价值、高周转率的商品。

定期进行库存盘点，及时发现并处理积压库存，避免库存积压导致的资金占用。

2）提高销售预测准确性

电商企业可以利用历史销售数据、市场趋势和季节性因素进行销售预测，提高预测的准确性。加强与经销商、零售商等渠道的合作，获取更多市场信息和销售数据，以便更好地把握市场需求。

3）优化供应链管理

加强与供应商的合作，建立稳定的供应链关系，实现及时供货和库存共享。优化采购计划，根据销售预测合理安排采购量，减少不必要的库存积压。优化物流和配送流程，降低运输时间和成本，提高供应链整体效率。

4）加快产品周转

通过促销活动、打折销售或捆绑销售等方式加速产品的销售，缩短库存周转周期。定期清理滞销产品，通过降价处理或清仓销售等方式减少库存积压。

5）提高员工参与度和培训

提高企业内部对库存周转的重要性的认识，鼓励员工参与库存管理。加强员工培训，提高操作技能和责任心，提升作业效率和质量。

2. 缩短库存周转天数的方法

电商企业可以通过以下方法缩短库存周转天数。

1）优化库存结构

根据市场需求和销售预测，合理调整库存结构，减少滞销产品的库存量，增加畅销产品的库存占比。采用小批量、多频次的采购策略，减少单次采购量，缩短库存周转时间。

2）加强仓储和物流管理

优化仓库布局，将畅销产品放在易于拿取的位置，减少货物搬运时间。引入先进的仓储技术（如RFID技术、无人仓储等），提高仓库运作效率和准确性。加强信息化建设，实现订单处理、仓储管理和物流配送的无缝对接，缩短物流时间。

3）提升销售效率

拓展销售渠道，提高产品销售量，从而加快库存周转速度。加强售后服务和客户关系管理，提高客户满意度和忠诚度，促进重复购买和口碑传播。

4）实施灵活的定价策略

根据市场需求和竞争情况，灵活调整产品价格，刺激销售，缩短库存周转时间。开展促销活动和捆绑销售等策略，提高产品销售速度和库存周转率。

5.2.5 经济订货量的概念和计算公式

经济订货量（Economic Order Quantity，简称EOQ）是库存管理中的一个重要概念，特别是在电子商务领域。它指的是在给定条件下,企业为实现库存成本最小化而应当订购的货物数量。EOQ 模型综合考虑了订货成本和储存成本,通过平衡这两个成本来确定最佳的订货批量。

在电子商务中,订货成本可能包括与订单处理、包装以及运输相关的所有费用。这些费用通常与订货次数成正比,即订货次数越多,订货成本越高。而储存成本则涵盖了资金占用成本、仓库租金、保险费用、货物损坏或过时造成的损失等,这些费用一般与库存水平成正比,即库存量越大,储存成本越高。

EOQ 模型的目标是通过找到一个平衡点,在保持正常运营的情况下,使订货成本和储存成本之和达到最小。

经济订货量的计算公式为:

$$Q* = \sqrt{\frac{2 \times D \times S}{C}}$$

其中:

Q*——经济订货量。

D——商品年需求量,即一年内预计需要销售的商品数量。

S——每次订货成本,包括与每次订货相关的所有费用。

C——单位商品年保管费用,即每件商品每年需要支付的储存成本。

通过合理应用 EOQ 模型,电商企业可以在保持正常运营的同时,有效降低库存成本,提高资金使用效率,从而提升整体竞争力。

5.2.6 电子商务安全库存概念和计算公式

电子商务中的安全库存(又称保险库存)是一个重要的概念,它指的是为了防止不确定因素(如突发性大量订货、供应商延期交货、市场需求波动等)影响订货需求而预备的缓冲库存。安全库存的主要目的是确保在面临这些不确定因素时,仍然有足够的库存来满足客户需求,从而降低运营风险。

安全库存是为了及时应对突发情况,确保仓库有货可发,避免因缺货而导致的销售损失和客户不满。它作为库存管理系统中的一个重要组成部分,有助于维持供应链的稳定性和可靠性。

计算公式为:安全库存=平均日销量×最长的供货周期×(1-服务水平)。

其中,平均日销量是将过去一段时间(如半年或一年)的销售总量除以销售天数得到的。最长的供货周期,即从下单到供应商发货再到产品到达仓库的时间。服务水平表示企业有多少需求可以被及时满足,常见的服务水平为 95% 和 99%。

例如,如果某产品的平均日销量为 100 组,最长的供货周期为 10 天,服务水平为 95%,则安全库存=100×10×0.05=50 组。

安全库存的设定需要根据企业的实际情况进行调整和优化。虽然存在理论公式,但实际操作中往往需要结合历史数据、采购员的经验以及市场变化等因素进行综合考虑。

过高的安全库存会增加库存持有成本，而过低的安全库存则可能增加缺货风险。因此，企业需要在两者之间找到一个平衡点，以实现成本效益最大化。

随着市场环境和供应链条件的变化，安全库存的设置也需要定期进行评估和调整。企业应建立有效的库存管理机制，以确保安全库存的合理性和有效性。

5.2.7 补货的概念和计算公式

补货在电子商务中是一个至关重要的环节，它直接关系到库存管理和顾客满意度。从广义上讲，补货是指当企业库存量低于最低库存时，向供应商或配送中心发出订货补货信息，采用适当的形式，通过市场信息的实时传递，保证货物不断货，以降低缺货率。这一过程涵盖了从库存监测、需求预测、订单生成到货物补充的多个环节，是一个涉及库存管理、销售预测及供应链协同的复杂过程。

从狭义上讲，补货作业更多关注于将货物从仓库保管区域搬运到拣货区的工作过程，以满足拣货作业的需求，确保及时、准确地处理订单和发货。

在电子商务中，计算补货量通常需要考虑多个因素，如补货周期、来货周期、预留富余天数、日销量、现有库存及已补未到货量等。以下是一个常见的补货量计算公式：

补货量＝（补货周期天数＋来货周期天数＋预留富余天数）×日销量－现有库存－已补未到货量

其中，补货周期天数即企业需要多久补一次货，这通常根据商品的销售速度、库存周转率及供应链稳定性等因素来确定。

来货周期天数是指从下单到货品到货所需的时间，这取决于供应商的响应速度、物流运输效率及天气、交通等不确定因素。

预留富余天数是指为了应对突发状况（如恶劣天气、物流延误等）而预留的天数，以确保库存不会因意外情况而中断。

日销量即商品每天的销售量，这是补货计算的基础数据之一。

现有库存即目前仓库中货品的数量。

已补未到货量即已经补货但尚未到货的商品数量，这部分库存需要在计算补货量时予以扣除。

在计算补货量时，首先需要确保各项数据的准确性和及时性，以避免数据错误导致的库存积压或缺货现象。除了基于历史销售数据外，还应考虑市场趋势、促销活动、季节性变化等因素对销售量的影响，以做出更准确的销售预测。电商企业应当加强与供应商的沟通与合作，确保供应链的稳定性和响应速度，降低供应链问题导致的补货延误风险。

实践应用

某主营文具类产品的电商企业 M 公司计划于即将到来的"双 11"期间举办一场大型促销活动，为了保障活动期间商品供应充足，同时避免库存积压，该企业需要计算热销商品某型号的黑色签字笔 A001 和某品牌的手账贴纸 B002 的补货数量和周期。

表5-7、表5-8、表5-9、表5-10是根据需求整理的必要数据。

表5-7 商品销售历史数据

商品ID	销售日期	销售数量（个）
A001	2023-10-01	100
A001	2023-10-02	120
B002	2023-10-01	80
B002	2023-10-02	95

注：此表仅展示部分数据，实际工作中可能要将更多日期和商品销售记录数据列入其中。

表5-8 当前库存数据

商品ID	当前库存量	安全库存量
A001	500	100
B002	450	80

表5-9 促销计划

促销商品ID	预计日销量	促销开始日期	促销结束日期
A001	300	2023-11-11	2023-11-13
B002	250	2023-11-11	2023-11-13

表5-10 供应商交货时间表

供应商ID	商品ID	交货周期（天）
S001	A001	3
S002	B002	2

注：为简化案例，未包含最小订货量（MOQ）信息，实际中可能需要考虑此因素。

以下为计算步骤与结果。

（1）计算促销期间总销量：

对于商品A001，促销期间总销量＝300×3＝900（假设每天销量均匀）

对于商品B002，促销期间总销量＝250×3＝750（同样假设）

（2）确定补货需求：

商品A001的补货数量＝900（预计总销量）－500（当前库存量）＋100（安全库存量）＝500

商品B002的补货数量＝750（预计总销量）－450（当前库存量）＋80（安全库存量）＝380

（3）确定补货周期：

根据供应商交货时间表，商品 A001 的补货应至少提前 3 天（交货周期）下达订单。

商品 B002 的补货应至少提前 2 天下达订单。

表 5-11 为补货计划表格。

表 5-11　补货计划

商品 ID	补货数量	补货下单日期（建议）	交货日期（预计）
A001	500	2023-11-08	2023-11-11
A002	380	2023-11-09	2023-11-11

注：补货下单日期和交货日期为建议值，实际操作中需考虑订单处理时间、物流运输时间等因素。

5.3　库存管理绩效评估

库存管理绩效评估不仅包括对仓库管理作业流程的评估，还包括对仓库能力的考查，二者都有相应的指标作为评估依据。

5.3.1　仓库管理作业流程考核指标

电商企业仓库管理作业的关键考核指标包括库存准确率、收/发货及时准确率、破包率以及账货相符率。企业应根据自身实际情况和管理需求合理设置考核标准和计算方法，并定期对各项指标进行监测和分析，以不断提升仓库运营管理水平。

1. 库存准确率

库存准确率是衡量仓库库存数据与实际存储货物的一致性的指标。它反映了仓库库存管理的准确性和可靠性。

库存准确率的计算公式为：

库存准确率＝盘点准确数量÷盘点总数量×100%

这里的数量可以是 SKU 数、具体总数量或库位数，具体取决于企业的需求和管理细度。

高库存准确率有助于减少库存数据不准确导致的订单延误、错发漏发等问题，提升客户满意度和仓库运营效率。

2. 收/发货及时准确率

收/发货及时准确率是衡量仓库在收货和发货过程中，在规定时间内准确完成作业的数量和收/发货总数量的比率。

二者的计算公式为：

收货及时准确率＝收货及时数量÷收货总数量×100%

发货及时准确率＝发货及时数量÷发货总数量×100%

（注：这里的"及时"通常指按照客户要求或企业内部规定的时间节点完成作业）

考核及时准确率需要结合具体的时间标准和作业要求,确保数据收集的准确性和可操作性。较高的收/发货及时准确率能够缩短订单处理周期,提高客户满意度和物流效率,减少因延误产生的额外费用和损失。

3. 破包率

破包率(或破损率)是衡量在存储和运输过程中,仓库操作不当导致的货物包装破损或损坏的指标。

其计算公式为:

破包率=货物破包(损)数量÷总货物操作数量×100%

考核破包率需要明确界定破损标准和责任归属,确保数据的真实性和公正性。较低的破包率有助于保护商品价值,减少包装破损导致的退货、换货等问题,提高客户满意度和仓库运营质量。

4. 账货相符率

账货相符率是衡量仓库库存账面数据与实物数据的一致性的指标。它反映了仓库库存管理的严谨性和准确性。

其计算公式为:

账货相符率=账存相符的品种数量÷账存总品种数量×100%

这里的"品种数量"可以是 SKU 数或其他具体的货物分类单位。考核账货相符率需要定期进行库存盘点和核对工作,确保数据的真实性和准确性。

高账货相符率有助于减少库存数据不准确导致的决策失误和损失浪费问题,提升仓库管理的整体水平和企业竞争力。

📖 **知识补丁**

最小存货单位(SKU,Stock Keeping Unit)即库存进出计量的基本单元,单位可以是件、盒、袋、个、托盘等。

5.3.2 仓库能力考核指标

仓库能力考核指标包括长库龄物料占比、库存周转率、劳动效率和客户满意度等,这些指标共同构成了评价仓库运营能力和效率的重要体系。通过定期监测和分析这些指标,企业可以及时发现问题并采取有效措施加以改进,从而提升仓库的整体运营水平和客户满意度。

1. 长库龄物料占比

长库龄物料占比是指仓库中长时间未被消耗或发货的物料在库存总金额中所占的比例。这个指标反映了仓库中物料的周转速度和库存结构的健康程度。长库龄物料,即多长时间未消耗或发货的物料。通过统计长库龄物料的金额和总库存金额,可以计算出长库龄物料占比。

其计算公式为:

长库龄物料占比＝长库龄物料金额÷总库存金额×100％

2. 库存周转率

库存周转率是指在一定时期内库存货物周转的次数，是衡量和评价企业购入存货、投入生产、销售收回等各环节的管理状况的指标。这个指标反映了库存的流动速度和效率，周转率越高，说明库存周转越快，资金占用越少。

两者计算公式如下：

库存周转率＝（销售数量/库存数量）×100％

库存周转率＝（该期间的出库总金额÷该期间的平均库存金额）×100％＝该期间出库总金额×2÷（期初库存金额＋期末库存金额）×100％

3. 劳动效率

劳动效率是衡量仓库工作人员在单位时间内完成的工作量或产出效率的指标。它反映了仓库运营的劳动生产率和人员效能。

劳动效率的具体计算公式可能因企业而异，但通常与人员工作量、工作时间和产出成果等因素有关。一个常见的指标是全员劳动生产率，其计算公式为：

全员劳动生产率＝全年物品出入库总量÷全员年工作日总数

4. 客户满意度

客户满意度是指客户对仓库服务质量和效率的满意程度。它是衡量仓库服务水平的重要指标之一，对于维护客户关系和促进业务发展具有重要意义。

客户满意度通常没有直接的计算公式，通过问卷调查、客户反馈或评价系统等方式进行评估。但以下公式可以作为参考：

用户满意率＝（期内用户满意项次÷期内服务用户总项次）×100％

这个指标可以反映客户对仓库服务的整体满意程度，有助于企业了解客户需求和服务质量，进而进行改进和提升。

实践应用

某中型电商企业 H 公司拥有多个自营仓库，负责全国范围内的商品存储与配送。随着业务规模的不断扩大，H 公司意识到现有的仓储管理绩效评估体系已难以满足发展需求，因此决定重新设计一套从效率、效果和经济性三个方面进行全面考核的绩效评估方案。

一、评估目标

绩效评估方案的目标如下。

（1）提升运营效率：通过优化作业流程、提高自动化设备使用效率等方式，缩短订单处理时间，加快库存周转。

（2）增强管理效果：确保库存准确无误，提升客户满意度，同时加强仓库安全管理，降低事故风险。

（3）优化经济成本：合理控制仓储成本，包括人力、设备维护、租金及能耗等，提高整体盈利能力。

二、建立绩效评估指标体系

1. 效率维度

库存周转率：每月计算一次,公式为销售额/平均库存额,反映库存流动速度。

订单处理时间：从订单接收到出库完成的平均时间,通过 WMS 系统进行自动统计。

自动化设备使用效率：统计自动化设备实际运行时间与总可运行时间的比例,定期(如每周)评估。

拣货准确率：正确拣选的订单数占总拣货订单数的比例,每日或每周抽查核对。

2. 效果维度

库存准确率：通过对比定期盘点(如每月)与 WMS 系统数据,确保库存数据准确无误。

客户满意度：通过客户调查、投诉率、退货率等指标进行综合评估,每季度进行一次。

3. 经济性维度

仓储成本占比：仓储成本(包括人力、租金、设备维护、能耗等)占公司总营收的比例,每月核算。

人力成本效率：通过统计人均处理订单数或人均创造的价值,评估人力资源利用情况,每月统计。

能耗节约率：通过节能措施实施前后的能耗对比,评估节能减排效果,每季度评估一次。

三、评估方法与流程

(1) 数据收集：利用 WMS 系统、ERP 系统、自动化设备监控系统等自动收集数据,辅以人工抽查和统计。

(2) 定期评估：设定不同指标的评估周期,确保数据的时效性和准确性。

(3) 对比分析：将实际数据与目标值、历史数据、行业标杆进行对比,分析差距和原因。

(4) 问题诊断与改进：针对评估中发现的问题,组织相关部门进行原因分析,并制定具体的改进措施,明确责任人和完成时间。

(5) 跟踪反馈：实施改进措施后,持续跟踪效果,及时调整策略,形成闭环管理。

四、激励机制

(1) 绩效奖金：根据绩效评估结果,为表现优秀的团队和个人发放绩效奖金,激励员工积极工作。

(2) 创新奖励：鼓励员工针对仓储管理提出建议,对实施后带来显著效益的建议给予额外奖励。

(3) 职业发展机会：将绩效评估结果与员工的职业发展相挂钩,为优秀员工提供更多的晋升机会和培训资源。

📖 思考与练习

1. 选择题

(1) 在电子商务库存管理中,以下哪项不是仓储管理优化方法?

A. EIQ 分析法　　B. EOQ 分析法

C. ABC 分类法　　D. SWOT 分析法

（2）电子商务库存周转率的计算公式是：

A. 库存周转率＝（销售成本/平均库存）×100%

B. 库存周转率＝（销售数量/平均库存）×100%

C. 库存周转率＝（平均库存/销售成本）×100%

D. 库存周转率＝（平均库存/销售数量）×100%

2. 判断题

（1）库存周转天数越长，表示库存管理效率越高。

（2）经济订货量（EOQ）模型假设需求是连续且稳定的。

3. 简答题

简述电子商务库存管理的作用。

4. 计算题

你是一家电子商务公司的库存经理，需要计算经济订货量（EOQ）以优化库存管理。

以下是相关数据：

年需求量（D）：10 000 件

订货成本（S）：每次订货成本为 100 元

持有成本（H）：每件商品的年持有成本为 5 元

使用 EOQ 公式计算经济订货量，计算最优订货周期。

项目 **6**

协同动力：物流与配送管理

项目导论

在当今数字经济时代，电子商务以其便捷、跨越地域限制的优点，成为了推动全球贸易和经济增长的重要力量。而作为电子商务体系中不可或缺的一环，物流与配送管理直接关系到商品从电商企业到消费者的顺畅流转，是影响顾客购物体验的重要因素，也是企业提高运营效率和市场竞争力的关键。因此，深入研究和掌握电子商务物流与配送管理的理论与实践，对于电商企业而言至关重要。

学习目标

知识目标

（1）了解电子商务物流作业流程；

（2）了解物流的运输管理、配送管理、仓储管理功能；

（3）了解运输的概念、运输在物流体系化中的作用；

（4）了解运输管理的基本原理；

（5）了解运输方式选择的原则；

（6）掌握运输作业的流程；

（7）掌握配送的概念和功能以及配送作业的流程；

（8）掌握配送中心的概念和功能、配送中心的类型以及配送网络结构；

（9）掌握逆向物流的概念、分类及特点。

能力目标

（1）结合实际确定物流运输方式；

（2）掌握运输绩效指标的计算方法；

（3）运用配送线路设计原则，确定配送线路；

（4）为电商企业设计逆向物流方案。

素养目标

基于科学原理并采用科学方法进行电子商务物流运输管理、电子商务配送管理和物流方案设计，具备较强的调查能力、信息及资料搜集和分析处理能力，能敏锐洞察出物流运输环节的问题并予以优化。

项目导入

F公司是一家专注于小型机械产品销售的电商企业，以其丰富的产品种类和优质的客户服务在市场中占有一席之地。为了满足全国范围内的客户需求，确保快速响应和及时供货，F公司建立了50多个仓库。然而，随着业务的不断发展，仓库管理成本及物流与配送成本持续攀升，每年总计高达2000万元，严重影响了企业的盈利能力。

企业调研了各地仓库和客户情况后，认为主要存在以下问题。

（1）仓库管理成本高昂：F公司拥有大量仓库，管理成本居高不下。仓库数量多且分散，库存管理、人员培训、设备维护等费用显著增加。

（2）物流与配送成本高：由于仓库分布广泛，物流配送距离长，运输成本高昂。同时，多个仓库之间的货物调拨也增加了物流成本。

（3）供货紧张风险：调查显示，减少仓库数量也极有可能导致供货紧张，进而影响销售收入。这是企业在优化仓库布局时需要权衡的重要因素。

F公司供应链管理部门通过对仓库布局、物流与配送流程进行深入分析，提出了以下建议：

（1）减少仓库数量：逐步关闭20个低效仓库，同时加强剩余仓库的管理和运营，确保供货稳定。

（2）优化仓库布局：根据销售数据和客户需求，重新规划仓库布局，使仓库更靠近主要市场和客户群体，缩短配送距离。

（3）引入物流与配送管理系统：投资引入先进的智能物流与配送管理系统，实现仓库之间的信息共享和货物调拨自动化，提高物流效率。

（4）加强供应链管理：与供应商建立更紧密的合作关系，确保原材料供应稳定，降低采购成本。

公司管理层经过讨论后决定采纳上述优化措施，一年后F公司取得了显著成效。通过减少仓库数量和优化管理，仓库管理成本下降了约300万元。优化仓库布局和引入物流与配送管理系统后，物流与配送成本下降了约400万元。仓库数量虽然减少了，但通过加强供应链管理和优化客户服务，销售收入并未受到很大的影响。综合以上措施，F公司每年可节省约700万元成本，整体盈利能力显著提升。

6.1 物流运输管理

进行电子商务物流运输管理，首先需要厘清电子商务物流作业流程和物流的功能，选择合适的物流方式，其次需要知晓运输的概念和运输在物流体系中的作用，根据运输管理的基本原理、运输方式选择的原则，确定本企业的运输作业的流程，最后还需要制定科学合理的运输绩效指标，以评估和监督物流运输活动并进行持续改进。

6.1.1 物流作业流程

如图 6-1 所示,电子商务物流作业涵盖了从用户下单到商品最终送达消费者手中的各个环节。

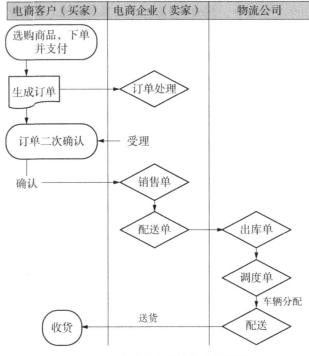

图 6-1 电子商务物流作业流程图

1. 生成订单

消费者通过电子商务平台选择商品并完成购买操作,订单信息随即生成并传输到电商企业的后台系统。

2. 订单处理

电商企业后台系统接收到订单信息后,会进行初步的处理,包括订单确认、支付验证等环节,确保订单的有效性。

3. 订单二次确认

电商企业的销售和库存系统一般会根据订单中的商品信息,自动检查相应仓库的库存量,确保订单中的商品有货可发,然后生成销售单和配送单。

4. 发货、配送和出库

仓库工作人员根据订单需求,从货架上拣选出相应的商品,并进行初步的质量检查,确保商品无损坏、无瑕疵。需要对拣选出的商品进行适当的包装,以保护商品在运输过程中不受损坏。包装材料需符合环保和安全要求。在包装上贴上必要的标识,如运单号码、收件人信息、注意事项等,以便物流公司进行识别和配送。将包装好的商品交给发货组,发货组会再次核对订单信息和商品信息，确保无误后进行发货。

物流公司接收到货物后，会根据订单上的地址和配送要求，选择合适的运输方式和路线进行配送。在配送过程中，物流系统会实时更新订单状态，消费者可以通过电商平台查看物流信息。

5. 客户签收与反馈

商品送达消费者指定的地址后，消费者确认收货并签收。消费者签收后，可以对商品质量、物流服务等进行评价和反馈。电商企业会根据客户的反馈进行改进和优化。如需要退换货，消费者可以通过电商平台提交退换货申请。电商企业会对退换货申请进行审核，确认无误后安排退换货流程，按照约定的方式和时间处理和回收退回商品。

6.1.2　物流系统的功能

在电子商务中，运输管理、配送管理和仓储管理是物流系统的主要功能。这三项功能相互关联、相互影响，共同构成了完整的物流服务体系。在实际操作中，需要充分考虑各项功能的特点，综合运用各种管理手段和技术手段，实现物流服务的优化和升级。

1. 运输管理

运输管理是物流服务的核心，它涉及货物从起点到终点的移动过程。运输管理的主要目标包括确保货物安全、准时到达目的地，同时优化运输成本。运输管理主要包括以下几个方面的工作。

1）运输方式的选择

运输方式的选择是运输管理的重要环节，常见的运输方式包括公路运输、铁路运输、水路运输和航空运输等。不同运输方式具有不同的优缺点，物流管理人员需要根据货物的性质、运输距离、成本效益等因素综合考虑，选择最合适的运输方式。

2）路线规划

合理的路线规划可以缩短运输时间，降低运输成本。运输管理人员需要根据交通状况、天气条件、道路状况等因素，为货物制定最优的运输路线。

3）运输过程监控

在运输过程中，对货物的实时监控至关重要。通过 GPS 等技术手段，运输管理人员可以实时掌握货物的位置和状态，确保货物安全。

4）运输成本控制

运输成本是物流成本的重要组成部分。运输管理人员需要通过优化运输方式、路线规划等手段，降低运输成本，提高物流效率。

2. 配送管理

配送管理是对将货物从物流中心或仓库送达最终客户手中的过程的管理，是物流系统的重要环节。配送管理的目标是确保货物能够按时、准确地送达客户手中，同时降低配送成本。

1）订单处理

订单处理是配送管理的起点。在接到订单后，配送管理人员需要对订单进行确认、分类和排序等操作,并将订单下发到仓库,为后续的配送工作做好准备。

2)拣选与包装

根据订单要求,配送管理人员要求仓库人员从仓库中拣选出相应的货物,并进行必要的包装处理。货物必须进行有效的包装和防护,确保在运输过程中的安全性和完整性。

3)配送路线规划

与运输管理类似,货物打包好之后,配送管理人员需要为货物规划最优的配送路线,以确保货物能够准时、安全地从物流中心或者仓库送达客户手中。

4)配送执行与跟踪

在配送过程中,配送管理人员需要实时监控货物的配送进度,确保货物能够按照计划送达。同时,还需要与客户保持沟通,及时解决配送过程中出现的问题。

3. 仓储管理

仓储管理涉及货物的存储、保管和出库等操作。仓储管理的目标是确保货物的安全、完整和及时出库。这部分内容在上一章中有详细讲解,这里主要表述要点内容。

1)库存管理

库存管理是仓储管理的核心。通过合理的库存控制策略,仓储管理人员可以确保库存水平达到最优状态,降低库存成本。同时,还需要定期对库存进行盘点和检查,确保库存信息的准确性和完整性。

2)货物入库与出库

货物入库时,仓储管理人员需要对货物进行验收和分类存储;货物出库时,则需要根据订单要求及时准确地将货物出库并交付给客户。

3)仓库布局与设施管理

仓库的布局和设施管理对仓储效率具有重要影响。仓储管理人员需要根据货物的性质和存储需求,合理规划仓库布局、配置设施设备,以提高仓储效率、降低存储成本。

4)信息化管理

随着信息技术的发展,仓储管理也越来越依赖于信息化管理手段。通过引入先进的仓储管理系统(WMS)等信息化工具,仓储管理人员可以实现对货物存储、出库等环节的实时监控和管理,提高仓储管理的精确性和效率。

6.1.3 电子商务物流模式

1. 物流管理模式

在电子商务环境中,电商企业主要采用自营物流、第三方物流以及系统物流三种模式。供应链物流管理模式对于企业的运营效率和客户体验至关重要,自营物流、第三方物流以及系统物流各有优势,适用场景也不同。企业应根据自身的实际情况和发展需求选择合适的物流管理模式。

1)自营物流的概念及特点

自营物流是指企业利用自身的资源和能力,独立开展物流活动的模式。在电子商务领域,一些大型电商企业会建立自己的仓储、运输和配送体系,以实现对物流的直接控制和管理。

自营物流具有以下特点。

（1）高度可控性：在自营物流模式下，企业能够完全掌握物流活动的各个环节，确保物流效率和质量的稳定性。

（2）灵活性：企业可以根据市场需求和自身业务变化，灵活调整物流策略和服务水平。

（3）客户服务优化：通过自营物流，企业能够更直接地了解客户需求，提供更加个性化的物流服务，提升客户满意度。

（4）投入大、风险高：企业需要投入大量资金建设仓储、运输等设施，并承担运营风险。因此，该模式更适合规模较大、资金实力雄厚的电商企业。

2）第三方物流模式的概念及特点

第三方物流（Third-Party Logistics，简称 3PL 或 TPL）是指独立于买卖双方的专业物流服务提供商，通过合同形式承接并管理企业供应链上的物流活动。

第三方物流具有以下特点。

（1）专业性强：第三方物流企业拥有专业的物流设施和运营团队，能够提供高质量的物流服务。

（2）成本节约：企业通过将物流活动外包给第三方，可以降低自身的物流成本，集中资源发展核心业务。

（3）灵活定制：第三方物流企业能够根据企业的具体需求，提供个性化的物流解决方案。

（4）信息透明：通过信息系统，企业可以实时了解物流动态，实现物流活动的可视化管理。

（5）关系契约化：第三方物流关系是通过契约确立的，较为规范，可以确保服务的稳定性和可靠性。

3）系统物流的概念及特点

系统物流可以理解为一种强调物流系统整体优化和协调的物流管理模式。它强调从整个供应链的角度出发，对物流活动进行统一的规划、组织、协调和控制，以实现物流系统的高效运作。

系统物流具有以下特点。

（1）整体性：系统物流注重物流系统的整体优化，强调各个环节之间的协调和配合。

（2）信息化：信息技术在系统物流中起着至关重要的作用，通过信息化手段可以实现物流信息的实时共享和即时处理。

（3）智能化：物联网、大数据、人工智能等先进技术，可以提高物流系统的智能化水平，降低物流成本，提高物流效率。

（4）客户服务导向：系统物流以客户需求为中心，通过优化物流流程和服务质量，提升客户满意度和忠诚度。

（5）可持续性：在系统物流的规划和实施过程中，注重环境保护和社会责任，推动物流业的可持续发展。

2. 前置仓模式

前置仓模式是指电商企业在消费者附近设置仓库,并将商品提前储存在这些仓库中,以便在消费者下单后能够迅速进行配送。这种模式通过缩短配送距离和时间,提高了物流效率,满足了消费者对快速送达的需求。

电商平台为了缩短配送时间、提高用户体验,常常选择采用前置仓模式,前置仓模式也被称为"集中仓储模式"或"中央仓储模式"。该模式的核心在于电商企业在不同地理位置设立固定的仓库或物流中心,用于存储商品并进行配送。企业在选择是否采用前置仓模式时,需要综合考虑自身实际情况和市场环境,做出合理的决策。

1) 前置仓模式的优点

(1) 加速交付:前置仓模式将货物储存在离消费场所更近的地方,能够大大缩短货物运输的时间,实现快速交付。这对电商平台、零售行业等对速度有较高要求的行业尤为重要。

(2) 降低物流成本:前置仓模式避免了远距离运输以及多次中转环节,降低了物流成本。同时,通过合理规划和优化仓储布局,还能减少物流存储和分拣的时间成本。

(3) 灵活应对市场变化:前置仓模式比一般的物流模式更具有灵活性,企业可以根据市场需求快速调整商品的储存位置和库存量。这使得企业能够更好地应对市场的波动和变化,保持竞争优势。

(4) 提升服务水平,增强客户粘性:通过在前置仓设置足够的库存量,企业能够更好地满足消费者的需求,即使在销售高峰期,也能够及时供应所需商品,提供更好的服务体验。同时,快速配送和低成本物流可以增强消费者对企业的信任和忠诚度,提高客户粘性和复购率。

2) 前置仓模式的缺点

(1) 仓储成本高:由于前置仓的位置相对固定,仓储设施的规模和租金等成本相对较高。同时,由于需要保持一定的库存量,库存成本也会相应增加。

(2) 选址难度大:选择前置仓的位置时,需要考虑到地理、交通、人口等因素,选址难度较大。

(3) 竞争压力大:随着前置仓模式的兴起,越来越多的电商企业开始采用这种模式,市场竞争将更加激烈。

(4) 生鲜损耗和成本问题:在生鲜等特定领域,前置仓模式可能面临高损耗率和高成本的问题。尽管可以快速配送,但生鲜商品的保质期较短,且对储存条件要求较高,这增加了管理难度和成本。

3. 新型物流模式

新型物流模式近年来得到了快速发展,其具体包括电子物流、第四方物流(其中云物流模式和菜鸟模式是其重要形式)以及智能物流(如 RasS 模式)。新型物流模式通过融合先进技术和管理理念,正在不断推动物流行业的变革和发展,进一步提升物流行业的运作效率和服务质量。

1) 电子物流

电子物流,又称物流电子化或物流信息化,是指利用电子化的手段,尤其是互联网技术，完成物流全过程的协调、控制和管理。电子物流实现了从网络前端到最终客户端的所有中间服务的电子化，可以在降低成本的同时，有效提高物流的效率、安全性及可靠性。电子物流的显著特点是各种软件与物流服务的融合应用，形成了一个完整的电子物流解决方案（如 ERP 系统）。

电子物流的核心在于利用互联网技术实现物流信息的实时传输和处理，并将软件系统如 ERP 系统运用到管理物流的各个环节，用自动化与信息化的技术来提升物流操作的效率和准确性。

2）第四方物流

第四方物流（4PL）是供应链的集成者、整合者和管理者，主要通过整合和管理供应链上的各个环节、资源、物流设施和物流技术，提供物流全程的方案设计、实施办法和解决途径。它可以根据客户需求提供定制化的一整套完善的物流解决方案，涵盖执行、实施、变革、再造等多个层次，并可以通过优化供应链流程，提高整体效率和降低成本。

（1）云物流模式：云物流模式是指基于云计算应用模式的物流平台服务，它利用云计算、大数据、物联网等技术对物流行业进行智能化升级，将物流企业的数据集中到云平台上进行分析、加工、处理，然后通过云平台对物流流程、货物、车辆等进行实时监测和管理，整合物流资源，实现物流的可视化、智能化和数字化，以及资源的共享和优化配置并提升效率。

云物流模式的核心在于资源的整合与共享。云物流平台通过整合仓储、运输、配送等环节的物流资源，实现资源的共享和优化配置。通过提高资源利用率，降低运营成本，实现盈利。此外，云物流还利用大数据分析技术，对物流数据进行深度挖掘和分析，为用户提供定制化的物流解决方案和增值服务，进一步提升物流行业的智能化水平。

（2）菜鸟模式：作为阿里巴巴集团旗下的物流平台，菜鸟物流通过大数据、云计算、物联网等先进技术，实现了物流信息的全面数字化管理，提高了物流运作的透明度和可追溯性。独特的互联网思维和创新业务模式，使其成为物流行业的新标杆。

菜鸟物流的五大核心组成部分如表 6-1 所示。

表 6-1　菜鸟物流的核心组成部分

组成部分	解释说明
IT 系统	菜鸟物流的 IT 运维系统是一个第四方的 IT 系统，这套 IT 系统整合和对接了众多的第三方 IT 系统，包括智能仓储系统、分拣配送系统、路况天气系统、开放的接口管理系统等，并且未来随着菜鸟物流体量的增加，还会新接入各种各样的 IT 信息系统
第三方物流	菜鸟物流通过和第三方物流这些合作伙伴联手，让 2 小时极速达、当日达、次日达、承诺达、夜间配、预约配送、大家电当日送装等服务变成了可能
骨干物流节点	阿里巴巴自建了一大批的骨干物流节点。这些骨干物流节点通常占地面积比较大，例如华北物流中心分三期建设占地 1500 亩，定位为"以仓聚货"，不仅要整合社会化物流资源，为电商零售企业提供物流基础设施及服务，还要带动周边电商企业联动发展，形成电商产业集群，促生一批围绕该平台的新兴第三方服务企业整体发展，并带动当地传统产业电商化

（续表）

组成部分	解 释 说 明
菜鸟驿站	使用菜鸟驿站之后,消费者在网上购买商品之后,点击选择离自己最近的菜鸟驿站网点,快件送达之后,会有一个提货短信提醒。凭手机提货短信即可取件。同时,使用菜鸟驿站,可以避免由于快递单子泄露引发的个人信息泄露。在快递员层面,收件人不在家的情况下,投递员把快件送到网点即可,快递效率大幅度提升
阿里系资源配合	阿里巴巴拥有四大核武器业务:电子商务(淘宝、天猫、1688、聚划算以及投资的相关电商企业)、菜鸟物流、金融(支付宝、余额宝、网商银行等)、大数据(阿里云等)。如果离开阿里巴巴其他三大业务的支持,单独的菜鸟物流独木难支,难以发挥到现在这样的作用

3）智能物流

智能物流是指通过智能软硬件、物联网、大数据等智慧化手段,实现物流各环节的精细化、动态化、可视化管理,提高物流系统的智能化分析决策能力和自动化操作的执行能力,提升物流运作效率,降低物流成本,并提升用户体验。

智能物流主要应用的关键技术包括:物联网技术,物联网技术可以实现物流装备的智能化升级和全程实时监控;大数据与人工智能,大数据与人工智能技术可以预测物流需求、优化库存布局、规划配送路线等;自动驾驶与无人配送,如自动驾驶汽车和无人配送车的应用,可以提高配送效率和安全性。

此外,当前比较前沿的一种智能物流模式是 RaaS 模式。RaaS 全称为 Robot-as-a-Service,即"机器人即服务",是一种自动化产品,主要集中在客户仓(仓储/分拨)内,采用的是软硬件相结合的服务模式。RaaS 服务商先为物流客户定制仓内适配的机器人产品及应用,然后再将其部署到仓内存储、分拣等场景,与此同时,协同管理系统为客户提供整套的自动化方案。在这种模式下,智能机器人和自动化系统被广泛应用于物流的各个环节,如仓储、分拣、包装、配送等,以实现更高的自动化和智能化水平。

6.1.4　运输的概念及其作用

运输是指利用设备和工具,将货物从一个地方运送到另一个地方的物流活动。运输不仅仅指狭义上的物品载运与输送,还涉及集货、分配、中转、搬运、装入、卸下等一系列物流活动。在现代社会中,运输的主要工具有汽车、火车、飞机、轮船等,甚至包括宇宙飞船和火箭等高科技工具。

运输在物流体系中具有不可替代的作用。在现代社会中,加强运输系统的建设和管理对于推动经济发展具有重要意义。其作用主要体现在以下几个方面。

1）连接生产和销售环节

运输将生产环节中的产品及时、准确地运送到销售环节中,确保了生产和销售之间的紧密联系。这种连接使得产品能够顺畅地从生产地流向消费市场,满足了消费者的需求。

2）提高物流效率

通过优化运输路线、提高运输速度和降低运输成本,运输活动能够显著提升物流效率。这不仅有助于降低物流成本，还能加快资金周转速度，提高企业的市场竞争力。

3）保障货物安全

运输过程中，采用各种安全措施如包装、加固、购买保险等，能够有效保障货物的安全性和完整性，降低了货物的损失风险，保障了企业的经济利益。

4）促进区域经济的发展

物流网络的建设，促进了区域内资源的优化配置和流通。这有助于实现区域经济的均衡发展，提升区域的整体竞争力。

5）实现全球化

在国际物流领域，通过国际物流网络的建设，实现了全球范围内的物流服务和贸易往来。这使得企业能够跨越国界进行生产和销售活动，推动了经济全球化的进程。

6）创造新的价值

运输不仅是简单的物品移动过程，还伴随着价值的创造。通过运输，产品得以从供应地点转移到需求地点，实现了产品的价值转移和增值。

7）优化资源配置

运输能够引导资源向更有效率、更有需求的地方流动，从而实现资源的优化配置。这有助于提升整体经济运行的效率和质量。

6.1.5　运输管理的基本原理、运输方式选择的原则、运输作业的流程

1. 运输管理的基本原理

在电子商务领域，运输管理一般遵循以下基本原理。

（1）规模经济：随着运输规模的增长，单位货物的运输成本会下降。这是因为相关的固定费用（如行政管理费用、运输工具投资、装卸费用等）可以按货物量分摊，同时规模运输还能获得运价折扣，从而降低单位成本。

（2）距离经济：运输的距离经济亦称递减原理，即每单位距离的运输成本随运输距离的增加而减少。这种原理的合理性在于运输装卸费用的分摊，距离越长，分摊后的费用越少，使得每单位距离支付的总费用降至最低。

（3）功能多样化：运输不仅创造了商品的空间效用和时间效用，还扩大了商品的市场范围，保证了商品价格的稳定性，促进了社会分工的发展。

电子商务运输管理主要包括运输成本、运输方式和运输路线的管理。

（1）运输成本的管理涉及如何降低单位货物的运输成本，通常通过优化运输路线和选择合适的运输方式来实现。运输方式取决于货物的性质、距离和时效要求。最后，选择运输路线需要考虑距离、交通状况等因素，以找到最佳的运输路径。通过有效的运输管理来优化运输路线，实现批量运输，可以有效降低单位货物的运输成本。

（2）要依据货物的性质、距离和时效要求来选择运输方式。例如，对于大宗货物或远距离运输，通常选择水运或铁路运输，因为它们的运输成本较低；而对于急需的高价值货物，则可能选择空运。

（3）在运输路线的选择上，最短路算法可以综合考虑距离、交通状况等因素，找到最佳

的运输路线。通过使用现代技术和工具,如 GPS 定位技术和运输管理系统,可以实时监控货物位置和状态,确保货物安全到达。

2. 选择运输方式的原则

在选择电子商务运输方式时,应遵循以下原则。

1) 成本效益原则

电商企业要根据货物的特性、运输距离和时间要求,选择成本最低且效益最高的运输方式。例如,对于大批量、重量较大且不急需送达的商品,海运是较为经济的选择;而轻量、高价值和急需送达的商品,则可能更倾向于空运。

2) 速度与安全并重

电商企业需要确保在规定时间内将货物安全送达,因此对于需要快速响应的订单,如生鲜产品、电子产品等,应选择速度较快的运输方式,如空运或快递服务。

3) 灵活性与适应性

根据市场需求和供应链的变化,企业可以灵活调整运输方式。例如,在促销期间或节假日前后,可能需要增加运输频次和运力,以满足订单量的激增。

4) 环保与可持续性

为保证企业的长期发展并维护企业形象,在选择运输方式时,还应考虑其环保性和可持续性。例如,减少使用空运等碳排放较高的运输方式,鼓励使用绿色、低碳的运输方式。

3. 运输作业的流程

电商货物运输的三个阶段如图 6-2 所示。

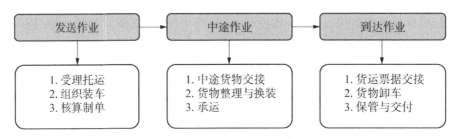

图 6-2 电商货物运输的三个阶段

电商货物运输的具体作业流程如图 6-3 所示。

在电商企业的客户,即消费者下单并支付后,系统自动生成订单后,电商企业、仓库、物流公司应当进行以下操作。

(1) 订单处理:接收并处理客户订单,包括订单确认、库存检查、支付验证等。

(2) 在确认订单之后,电商平台会根据订单确定里程和运杂费,并将运单编号、运单信息发送给各个相关方。

(3) 拣货与包装:根据订单信息从仓库中拣选出相应的商品,并进行适当的包装以保护商品在运输过程中不受损坏。

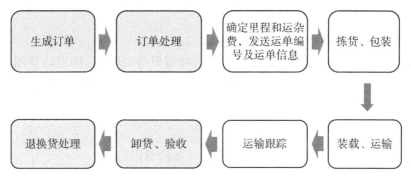

图 6-3　电商货物运输的具体作业流程

（4）装载与运输：将包装好的商品装载到运输工具上，并按照选定的运输方式进行运输。在这一步骤中，需要确保运输工具的安全性和可靠性，以及货物的稳定装载。

（5）运输跟踪：利用现代信息技术对运输过程进行实时跟踪和监控，以确保货物能够按时到达目的地。同时，还需要及时将运输信息反馈给客户和相关方。

（6）卸货与验收：到达目的地后，将货物从运输工具上卸下，并进行验收以确认货物的完整性和数量。如果发现问题，应及时与客户和相关方沟通并处理。

（7）退换货处理：对于需要退换货的商品，应按照相关规定和流程进行处理，以确保客户的权益得到保障。

6.1.6　运输绩效指标

1. 运输效率指标

1）时间利用指标

时间利用指标主要有车辆工作率和车辆完好率，其计算公式如下：

$$车辆工作率=\frac{计算期运营车辆工作总天数}{同期运营车辆总天数}\times100\%$$

$$车辆完好率=\frac{计算期运营车辆完好总天数}{同期运营车辆总天数}\times100\%$$

2）里程利用率

里程利用率的计算公式如下：

$$里程利用率=\frac{载重行驶里程}{车辆总行驶里程}\times100\%$$

3）载重量利用指标

载重量利用率可以用实载率来衡量。

$$实载率=\frac{计算期完成货物周转量}{同期总行程载重量}\times100\%$$

2. 经济性指标

1）单位运输费用指标定义和公式

单位运输费用是指单位运输量（如吨千米、吨海里等）所消耗的运输费用。单位运输费用是评估运输作业效益高低以及综合管理水平的重要指标。它主要通过运输费用总额与同期货物总周转量的比值来表示，能够直观地反映单位运输量所消耗的费用情况。其计算公式如下：

$$单位运输费用（元／吨千米）= \frac{运输费用（元）}{报告期货物总周转量（吨千米）} \times 100\%$$

其中，运输费用总额包括燃料、各种配件、养路、工资、修理、折旧及其他费用支出；货物总周转量则是指一定时期内实际运送的货物吨数与运输距离的乘积。

2）运输费用效益指标定义和计算公式

运输费用效益是指企业在一定时期内，通过运输活动所取得的收益与为此支出的运输费用之间的比率关系。运输费用效益是衡量单位运输费用支出额所带来的盈利额的重要指标，它直接反映了单位运输费用投入所能带来的经济效益。其计算公式如下：

$$运输费用效益 = \frac{经营盈利额}{运输费用支出额} \times 100\%$$

3）单车（船）经济收益指标定义和公式

单车（船）经济收益是指单车（船）在一定时期内（如一年）通过运营活动所取得的总收入扣除相关成本后所剩余的净收益。单车（船）经济收益是衡量单车（船）运营活动经济效益的关键指标，它反映了单车（船）在一定时期内通过运营所取得的经济收益情况。其公式为：

$$单车（船）经济效益 = 单车（船）运营总收入 - 单车（船）成本合计$$

其中，单车（船）运营总收入包括运费收入、装卸费收入等；单车（船）成本合计则包括燃油费、维修费、保险费、折旧费、驾驶员工资及福利费等各项运营成本。

4）运输成本占比和计算公式

运输成本占比是指运输成本在总成本或销售收入中所占的比例。根据行业分析，目前电商平台物流配送成本占比在15%到25%之间。这个比例会因企业规模、商品类型、物流模式、地域分布等多种因素而有所不同。其计算公式如下：

$$运输成本占比 = 运输成本 \div 总成本或销售收入$$

这个计算公式中比较关键的是运输成本的计算。运输成本是指将商品从仓库运送至客户所需的费用，其计算公式通常包括以下几个部分。

（1）基本运输费用：

$$运输成本 = 商品运输周转量 \times 单位运输费用$$
$$商品运输周转量 = 实际发出货物重量（或体积） \times 运输距离$$
$$单位运输费用 = 每吨每公里（或每立方米每公里）的运输费用$$

（2）综合运输成本：

在实际操作中，运输成本可能还包含其他费用，如包装费用、运输保险费用等。因此，一个更全面的运输成本计算是综合运输成本计算。

公式：

$$运输成本＝运输费用＋包装费用＋运输保险费用$$
$$运输费用＝商品运输周转量×单位运输费用$$
$$包装费用＝包装材料费用＋包装工人工资$$
$$运输保险费用＝货物价值×保险费率$$

这个公式考虑了运输过程中的多个环节和费用，能够更准确地反映实际运输成本。

3. 技术性指标

1）安全性指标

安全性指标包括运输损失率、货损货差率以及事故频率。

（1）运输损失率公式如下：

$$运输损失率＝损失货物总价值÷运输货物总价值×100\%$$
$$运输损失率＝损失赔偿金额÷运输业务收入总额×100\%$$

（2）货损货差率公式如下：

$$货损货差率＝货损货差票数÷办理发运货物总票数×100\%$$

（3）事故频率公式如下：

$$事故频率(次/万千米)＝报告期事故次数÷(报告期总运输里程数×10\,000)$$

2）直达性指标

直达性指标一般指货物直达率。

$$货物直达率＝直达票号数÷同期票号数×100\%$$

3）可靠性指标

可靠性指标一般是指准时交付率。准时交付率是指企业在约定的时间内送达客户节点的订单数量占总订单数量的百分比，这个指标直接关联到企业的供应链管理水平、生产效率和客户满意度。高准时交付率意味着企业能够高效地处理订单，减少客户等待时间，提高客户满意度和忠诚度。

通常，准时交付率的计算公式为：

$$准时交付率＝按时交付的订单数量÷总订单数量×100\%$$

4. 客户满意度指标

电商客户满意度指标是评估电商平台在提供商品和服务过程中，消费者对其满意程度的一系列量化标准。这些指标不仅反映了消费者对电商平台的整体印象，还直接影响到电商平台的竞争力和市场地位。在物流运输领域，客户满意度指标主要衡量配送速度与准确性，即电商平台从下单到商品送达消费者手中的时间和准确性。及时、准确的配送

服务是提升消费者满意度的重要保证,能够增强消费者对电商平台的信任感。其计算公式如下:

$$客户满意率＝满意客户数÷被调查客户数×100\%$$

5. 社会性指标

电商物流运输的社会性指标主要从宏观角度来衡量电商物流活动对整个社会的影响程度,主要包括对环境污染的程度、对城市交通的影响程度。这些指标不仅反映了电商物流行业的社会效益,还为其可持续发展提供了重要参考。

1）社会节约程度

社会节约程度指社会全部资源的整体优化配置程度,包括物流资源的合理利用、节能减排效果等。

通过提高物流效率、降低物流成本,电商物流可以促进社会资源的节约和可持续发展。

2）绿色环保与可持续发展

虽然这一指标可能不常在直接的社会性指标体系中单独列出,但电商物流的绿色环保和可持续发展能力是其社会性的重要体现。这包括采用环保包装材料、优化运输路线以减少碳排放、推动绿色物流技术应用等。

随着社会对环境保护和可持续发展的重视程度日益提高,电商物流的绿色环保能力将成为衡量其社会性的重要标准之一。

3）社会责任履行

电商企业还应积极履行社会责任,包括参与公益事业、支持贫困地区发展、保护消费者权益等。通过履行社会责任,电商企业不仅能够树立良好的企业形象,还能够促进社会的和谐稳定发展。

实践应用

某电商企业主要销售日常生活用品和家居装饰品,日均订单量约为 5 000 单,其中 80% 的订单来自华东地区,15% 来自华南地区,剩余 5% 来自其他地区。企业当前面临的主要问题是如何选择合适的运输方式以降低成本、提高效率并保证客户满意度,最终提升企业竞争力。

该企业通过综合考虑经济高效、快速响应、安全可靠和灵活性等原则,结合电子商务运输管理的基本原理和运输作业的流程,以及对电子商务运输绩效指标的分析,最终确定根据以下 4 项绩效指标来确定物流方案。

(1) 配送时效:运输时间,从订单处理完成到货物送达客户手中的时间。

(2) 准时配送率:按照约定时间送达客户手中的订单占总订单数的比例。

(3) 客户满意度:客户对物流服务的评分和反馈情况。

(4) 运输成本:包括运输费用、包装费用、装卸费用等。

综合考虑运输时间、运输成本、准时配送率、客户满意度这四项因素，该企业搜集的从公司仓库到各个地区的物流数据，如表6-2所示：

表6-2　仓库到各地区的运输时间、运输成本、准时配送率、客户满意度

运输方式	运输时间（天）	运输成本（元/单）	准时配送率	客户满意度（满分5分）
快递（华东）	2～3	5	98%	4.5
快递（华南）	3～4	6	95%	4.3
快递（其他地区）	4～5	7	90%	4.0
公路运输（华东）	1～2	4	99%	4.7
公路运输（华南）	2～3	5	96%	4.4
铁路运输（全国）	3～5	3	92%	4.2

根据上述表格，运输方式选择建议如下：

（1）华东地区：由于华东地区订单量大，且距离较近，建议选择公路运输。公路运输时间短，成本低，且准时配送率和客户满意度均较高。

（2）华南地区：虽然公路运输时间较短，但考虑到运输成本和客户满意度，建议选择快递服务。快递服务虽然成本稍高，但能够提供更灵活的配送时间和更好的客户服务。

（3）其他地区：对于订单量较少且分布较散的其他地区，建议选择铁路运输。铁路运输成本低，且能够覆盖全国各地，适合长途运输。

6.2　配送管理

电子商务配送管理，就是运用科学的原理和方法，制定配送策略，确定配送线路设计原则及线路，最终实现配送运输合理化的系统工程。

6.2.1　配送策略

1. 配送的概念和功能

配送就是在经济、合理的区域范围内，根据客户的要求，对物品进行分拣、加工、包装、分割、组配等作业，并将其按时送达指定地点的物流活动。配送是物流活动中一种特殊且综合的业务形式，它紧密结合了商流与物流活动，并包含了物流中的多个功能要素。它通过合理的资源配置和高效的送货服务，促进了物流资源的合理利用和物流效率的提升（如图6-4所示）。

配送在物流体系中发挥着多重功能，具体包括以下几个方面。

（1）完善运输系统：通过合理的配送规划和组织，可以弥补干线运输和末端运输的不足，使整个运输系统更加完善和高效。

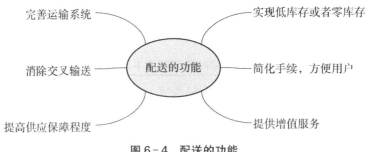

图 6-4 配送的功能

（2）消除交叉配送：通过集中配送和合理规划，减少不同货物在运输过程中的交叉和重复，降低物流成本。

（3）提高供应保障程度：配送能够根据用户的需求和预测，提前进行货物的准备和配送，提高供应的可靠性和及时性。

（4）实现低库存或零库存：通过提高配送的及时性和准确性，企业可以减少库存量，降低库存成本，甚至实现零库存管理。

（5）简化手续，方便用户：配送服务通常包括货物的拣选、加工、包装、分割、组配等，这些工作都由配送中心完成，用户只需简单接收货物即可，大大简化了交易手续。

（6）提供增值服务：配送中心可以根据用户的需求提供加工、组装、包装等增值服务，提高用户的满意度和忠诚度。

2. 配送作业的流程

电子商务配送作业的流程是一个复杂且高效的系统，涉及多个环节。一般按照集货、分拣、配货、流通作业、配载、送货这一顺序进行配送作业。

1）集货

集货是指将分散的、小批量的物品集中起来，以便进行后续的分拣、配货等操作。

在电子商务中，集货通常发生在供应商或生产厂家将商品送达配送中心或仓库时。配送中心会接收来自不同供应商的商品，并进行初步的检查和登记。

2）分拣

分拣是将集中的商品按照不同的订单或客户需求进行分类、筛选的过程。分拣主要有以下 3 种模式。

（1）RF 拣货加 PTL 分播模式：在该模式下，系统会根据订单需求生成拣货集合单，并使用 RF（无线手持终端）在仓库内各拣货区域进行拣货。拣货完成后，将货品合流至周转箱，再运至 PTL（电子标签）分播货架进行分播。

（2）标签拣货加标签二次分播作业模式：类似于 RF 拣货模式，但更注重标签的使用，以提高拣货和分播的准确性。

（3）表单拣货加表单分播作业模式：刚开始开展电子商务配送的物流中心，可能会采用更为传统的表单方式进行拣货和分播。

3）配货

配货是根据订单要求，将分拣好的商品进行匹配、打包，并准备发货的过程。配货作业一般按照下列流程进行。

（1）订单接收：系统接收并确认订单信息。

（2）商品拣选：根据订单清单，拣选商品并确保数量和质量无误。

（3）包装处理：选择合适的包装材料和方式，对商品进行打包，并标注清晰的订单信息和物流信息。

（4）质检审核：确保商品的包装符合标准和订单要求。

4）流通作业

流通作业通常指的是商品在配送过程中的各种运输、中转和交接环节。

商品在配送中心完成配货后，会被送往物流公司进行进一步的运输。在运输过程中，商品可能会经过多个中转站，以确保准确、快速地达到客户手中。

5）配载

配载指的是根据车辆的装载能力和货物的体积、重量等因素，合理安排货物的装载顺序和方式，以提高运输效率的过程。

在配载阶段，物流公司会根据实际情况选择合适的车辆，并按照一定的规则和策略将货物装载到车辆上。这一过程需要确保货物的稳定性和安全性，避免在运输过程中发生损坏或丢失。

6）送货

送货是指将货物送达客户指定的收货地址，并进行相关的交付和验收工作。

配送员根据配送中心的指令，将货物送到收货地址。客户在收到货物后进行验收，并在快递单上签字确认。如果客户发现货物有问题，可以拒收或申请退货。送货完成后，物流公司和电商平台会收集客户的反馈信息，以便对配送服务进行改进和优化。

3. 配送中心的概念和功能

配送中心就是从事配送业务的物流场所或组织。它不仅是一个物理上的场所，更是一个集成了信息处理、库存管理、分拣配送等多种功能的综合系统。配送中心通过高效的运作，实现了物流资源的优化配置和供应链的高效协同。

配送中心主要有以下功能。

1）存储功能

配送中心通常配备有现代化的仓储设施，如仓库、堆场等，用于储存一定量的商品。这些储存设施不仅能够满足日常配送的需求，还能在特殊情况下（如节假日、促销活动等）提供充足的库存保障。通过合理的库存管理，配送中心能够确保商品的安全性和可得性，降低缺货风险。

2）分拣功能

为满足不同用户的需求，配送中心必须对组织来的货物进行精准的分拣。这包括根据订单信息对商品进行识别、分类、拣选和打包等操作。强大的分拣能力是配送中心按客户要求组织送货的基础，也是提高其运作效率和服务水平的关键因素。

3）集散功能

配送中心凭借各种先进设备，能够将分散在各个生产企业的产品集中到一起，然后通过分拣、配装等环节向多家客户发运。这种集散功能有助于实现经济、合理的批量配送，降低运输成本，提高商品的流通效率。

4）衔接功能

配送中心在供应链中起到了重要的衔接作用。它不仅是上下游企业之间的桥梁，还是生产与消费之间的纽带。通过有效的衔接，配送中心能够平衡供求关系，确保商品在供应链中顺畅流动。

5）加工功能

配送中心还具备一定的加工能力。为了促进销售、便利物流或提高原材料的利用率，配送中心可以根据客户的需求对商品进行下料、打孔、解体、分装、贴标签、组装等加工活动。这些加工活动不仅提高了配送中心的经营和服务水平，还有利于提高资源利用率。

4. 配送中心的类型

配送中心的类型多种多样，根据不同的标准，可以划分为不同类型。

1）按业务范围分类

（1）专业配送中心：专门针对某一行业或某一类商品进行配送的配送中心，如医药品配送中心、电子产品配送中心等。

（2）柔性配送中心：能够灵活应对多种商品和需求的配送中心，其设备和流程具有较高的通用性和适应性。

2）按经济功能分类

（1）供给型配送中心：主要承担向用户供应商品的功能，确保商品的及时、准确供应。

（2）销售型配送中心：除了配送功能外，还兼具销售职能，通过销售促进商品的流通。

（3）储存型配送中心：以储存为主要功能的配送中心，具有较强的储存能力和库存管理能力。

（4）流通型配送中心：以商品的快速流通为主要目标的配送中心，注重流通效率和配送速度。

（5）加工型配送中心：除了配送功能外，还具备加工能力，能够对商品进行简单的加工处理后再进行配送。

3）按服务范围分类

（1）城市配送中心：主要服务于城市范围内的用户，以快速、便捷的配送服务满足城市居民的需求。

（2）区域配送中心：辐射范围较广，能够覆盖多个城市或地区，具有较强的辐射能力和库存准备。

4）按设立者的分类

（1）制造商型配送中心：由制造商自行设立的配送中心，主要服务于自身的生产和销售需求。

（2）批发商型配送中心：由批发商设立的配送中心，主要承担商品的批发和配送任务。

（3）零售商型配送中心：由零售商设立的配送中心，主要服务于自身的零售店铺和电商平台等销售渠道。

（4）专业物流配送中心：由专业的物流公司或第三方物流服务商设立的配送中心，提供专业化的物流配送服务。

5. 配送网络结构

配送网络结构决定了物品从生产到消费过程中移动和静止的控制策略与组织方式，是物流体系中至关重要的环节。不同类型的配送网络结构有着不同的特点和适用场景。企业在选择配送网络结构时，应根据自身的实际情况和需求进行综合考虑，以降低物流成本、提升服务效率和提高客户满意度。

1）集中式配送网络

在配送系统中只设一个配送中心，所有用户需要的物品均由该配送中心完成配送。配送决策由该中心做出，配送的商品也只经过这一个中心进出，形成集中控制和集中库存的模式。

集中式配送网络的优点是管理费用少，安全库存低，有利于实现规模效益；缺点是用户提前期长，外向运输成本（从配送中心到用户的运输成本）较高。

2）分散式配送网络

分散式配送网络在一个配送系统中设有多个配送中心，将用户按一定原则进行分区，确定其归属于哪一个配送中心。由于配送中心离用户近，外向运输成本低，到达客户用时较少。但是供应商向多个配送中心送货时，规模经济自然没有集中型好，从供应商到配送中心的运输成本较高。由于库存分散，安全库存会增大，总平均库存也会增大。

3）层级式配送网络

层级式配送网络在系统中设有两层或更多层次的物流中心和配送中心，其中至少有一层是配送中心，且靠近用户。由于与供应商和客户的距离都较近，内向运输成本和外向运输成本都比较低。大型第三方物流企业、大型零售企业或复杂的供应链系统通常采用这种结构。

4）直接配送

直接配送，就是所有货物直接从供应商处运达需要地，无需经过配送中心或中转站。这一模式的优点是运输时间短，操作和协调简单，运输决策完全是地方性的。缺点是需要较高的库存管理费用，且对供应商的依赖性较高。

5）混合式配送网络

混合式配送网络是将集中式和分散式结构相结合，根据需求和条件不同，在供应链的不同环节采用不同的物流节点和路径组合。混合式配送网络可以兼顾集中式和分散式的优势，实现物流的高效运作。

6.2.2 配送线路设计原则

配送线路设计是物流管理中至关重要的一环，它直接影响到配送的效率和成本。在设计配送线路时，需要遵循一系列原则以确保配送活动的顺利进行。

1. 时效满足原则

时效满足原则，即配送线路的设计必须满足收货人对货物送达时间的要求。这些时间要求可能是固定的，如必须在上午十点前送达，也可能是灵活的，但必须在一定时间段内完成。

实施时效满足原则时，首先要详细了解每个收货点的具体时效要求，并将其作为线路设计的重要参考。其次，在规划配送路线时，要充分考虑各个时间窗口，确保在每个时间窗口内都能完成配送任务。对于时间要求紧迫的收货点，应优先安排配送，以确保满足时效性。

2. 线路最短原则

线路最短原则是指在满足其他条件的前提下，尽可能选择距离最短的配送线路，以减少运输成本和时间。

实施这一原则可以运用到地图分析和算法应用，利用地图和 GIS 系统分析各个收货点之间的相对位置，找出最短的路径。采用最短路径算法来精确计算最短路径。此外，在寻找最短线路时，还需考虑路况、交通管制等因素，确保实际行驶时间最短。

3. 线路无交叉原则

线路无交叉原则要求各条配送线路之间不能相互交叉，以避免重复行驶和增加不必要的运输成本。

采用线路无交叉原则，需要将配送区域划分为若干个子区域，每个子区域由一辆或多辆配送车辆负责。在规划路径时，要确保各条线路在逻辑上相互独立，不产生交叉。同时，利用 GPS 等定位技术实时监控配送车辆的位置和行驶路线，及时发现并纠正交叉行驶的情况。

4. 规避拥堵原则

规避拥堵原则要求在设计配送线路时，要充分考虑路况和交通拥堵情况，避免在高峰时段进入拥堵路段。

实施这一原则时需要分析交通数据，利用交通数据平台获取实时和历史交通信息，分析各条道路的拥堵情况。根据交通拥堵情况调整配送时间，尽量在拥堵时段之前或之后进行配送。还可以为每条配送线路准备备选路线，以便在遭遇拥堵时能够迅速切换。

5. 由近而远原则

由近而远原则是指在配送过程中，先配送距离较近的收货点，再逐渐向外扩展至较远的收货点。

实施这一原则时一般根据与配送中心的距离远近对收货点进行排序，优先安排距离较近的收货点进行配送。在可能的情况下，将距离相近的收货点归为一个区域，进行集中配送，以减少行驶距离和时间。在实际配送过程中，要根据路况和收货点的实际情况灵活调整配送顺序，确保整体配送效率的最大化。

6.2.3 配送线路确定

配送线路的确定在物流管理中具有关键作用，它不仅影响配送效率，还直接关系到物流成本的控制。确定配送路线通常采用启发式算法和元启发式算法。

1. 启发式算法

启发式算法是一种基于经验和规则的问题求解方法,它通过模拟人类思维过程来逐步寻找解决问题的最优解或近似最优解。在确定配送线路时,常见的启发式算法包括最近邻法、最远邻法和节约里程法。

1) 最近邻法

最近邻法是一种简单直观的算法,它从起点(如配送中心)出发,选择距其最近的客户点进行配送,然后以此客户点为新的起点,继续选择下一个最近的客户点,直到所有客户点都被访问过或达到其他终止条件。

这种算法易于实现,计算量小,但在某些情况下可能无法得到最优解,因为它容易陷入局部最优,而忽略了全局的优化。

2) 最远邻法

与最近邻法相反,最远邻法是从起点出发,选择距其最远的客户点进行配送,然后再以该客户点为新的起点,继续选择下一个最远的客户点。

虽然理论上存在最远邻法,但在实际配送线路规划中,由于其可能会导致总的配送距离显著增加,效果通常不如其他算法,因此较少被采用。

3) 节约里程法

节约里程法,又称节约算法或节约法,是一种用于解决运输车辆数目不确定问题的启发式算法。其核心思想是通过合并运输回路来减少总的运输距离。具体来说,就是计算每个可能的客户对合并后所能节约的里程数,并按照节约里程数的大小顺序来合并这些客户对,直到达到一辆车的装载限制或无法再进一步节约里程为止。

假设有 n 个客户点,先分别计算它们两两之间的节约里程数(即如果这两个客户点由同一辆车配送所能节约的里程),然后将这些节约里程数按照从大到小的顺序排列,并依次进行合并。在合并过程中,需要考虑车辆的装载限制和客户的到货时间要求等约束条件。

2. 元启发式算法

元启发式算法是一类更高级的启发式算法,它们通过模拟自然界的某些现象或过程来寻找问题的解。在配送线路确定中,常见的元启发式算法包括遗传算法、模拟退火法和蚁群算法。

1) 遗传算法

遗传算法是一种模拟生物进化过程的搜索算法。它通过选择、交叉和变异等操作来逐步优化问题的解。在配送线路确定中,可以将每条可能的配送线路视为一个个体,而线路上的客户点顺序则构成个体的基因。

遗传算法通过不断迭代来优化个体的适应度(即配送线路的总成本或总距离等),从而找到最优或近似最优的配送线路。

2) 模拟退火法

模拟退火法是一种受金属冶炼时冷却过程的启发的优化算法。它通过模拟退火过程中温度逐渐降低的过程来寻找问题的全局最优解。在配送线路确定中,可以将温度视为接受较差解的概率阈值,随着温度的降低,接受较差解的概率也逐渐降低。

模拟退火法通过不断尝试新的配送线路并接受那些能够改善当前解或在一定程度上接受较差解的尝试来逐步逼近全局最优解。

3)蚁群算法

蚁群算法是一种模拟蚂蚁觅食行为的优化算法。蚂蚁在觅食过程中会释放一种称为信息素的化学物质来标记路径的优劣。其他蚂蚁会根据信息素的浓度来选择路径,从而形成正反馈机制。在配送线路确定中,可以将信息素视为每条路径上的权重或概率值。

蚁群算法通过不断迭代来更新每条路径上的信息素浓度,使得那些较短的路径逐渐被更多的蚂蚁所选择,从而找到最优或近似最优的配送线路。

6.2.4 配送运输合理化

配送运输合理化是指在物流系统中,通过科学合理的规划和管理,使配送运输过程达到最优状态,以提高运输效率、降低运输成本、减少能源消耗和环境污染,同时满足客户需求。配送运输合理化是一个系统工程,需要从多个方面入手进行规划和管理。通过优化配送网络结构、合理设计配送线路、选择合理的运输方式和工具、加强配送过程的管理和控制以及注重环保和可持续发展等措施,可以实现配送运输的合理化目标。

1. 优化配送网络结构

根据实际情况选择使用集中式配送网络、分散式配送网络、层级式配送网络、混合式配送网络。

2. 合理设计配送线路

应用启发式算法,如最近邻法、节约里程法等,通过计算和分析,确定最优的配送路径,减少运输距离和时间。在设计配送线路时,要充分考虑实时路况和交通拥堵情况,避免在高峰时段进入拥堵路段。采用先进的导航和定位技术,利用 GPS 等技术实时监控配送车辆的位置和行驶路线,提高运输的准确性和安全性。

3. 选择合理的运输方式和工具

根据货物的性质、数量和运输距离等因素,合理选择公路、铁路、水路或航空等运输方式,发挥各自的优势。选择符合节能环保标准的运输工具,减少能源消耗和环境污染。合理安排货物的装载顺序和配送顺序,提高运输工具的装载率和配送效率。

4. 加强配送过程的管理和控制

电商企业或者物流部门需要制定完善的配送管理制度和流程,明确各个环节的职责和要求,确保配送过程的顺畅进行。加强信息化建设,运用先进的物流信息系统,实现配送过程的实时监控和数据分析,提高管理效率和决策水平。及时与客户沟通配送需求和变化情况,确保配送服务的准确性和及时性。

5. 注重环保和可持续发展

在当前节约能源和绿色发展的总体趋势下,电子商务配送需要注意环保和可持续发展,推广绿色配送,采用环保的包装材料和可循环利用的运输工具,减少废弃物和污染物的产生；优化能源结构，积极推广新能源和清洁能源在配送运输中的应用，降低碳排放和能源消耗；提高环保意识，加强员工和客户的环保意识教育，共同推动绿色物流和可持续发展。

实践应用

　　某电商企业的物流中心 S 负责向 A、B、C、D、E 五个节点配送货物。为了优化配送路线，降低运输成本，提高配送效率，该企业决定采用节约里程法来求解较优的配送方案。已知两点之间的距离如表 6-3 所示。

表 6-3　物流中心 S 与节点 A、B、C、D、E 任意两点的距离（单位：千米）

起点/终点	S	A	B	C	D	E
S	0	10	15	20	25	30
A	10	0	5	15	20	25
B	15	5	0	10	15	20
C	20	15	10	0	10	15
D	25	20	15	10	0	5
E	30	25	20	15	5	0

　　当前每个节点每天的需求量为：

A：2 吨

B：1 吨

C：3 吨

D：2 吨

E：2 吨

　　该公司物流中心配送中心有载重量为 3 吨和 5 吨的货车，但是由于多种原因，公司规定货车每次行驶的距离不能超过 30 千米。由于物流中心 S 是配送起点，所以最短距离表直接列出从 S 到其他各节点的距离即可，无需再计算节点间的最短距离。

　　已知节约里程的计算公式为：节约里程＝直接配送距离之和－合并配送后的距离

　　根据给定的距离数据，计算出每对节点合并配送后的节约里程，如表 6-4 所示：

表 6-4　每对节点合并配送后的节约里程

合并点	节约里程
A-B	10－5＝5（千米）
A-C	20－15＝5（千米）
A-D	25－20＝5（千米）
A-E	30－25＝5（千米）

(续表)

合并点	节约里程
B-C	15-10=5(千米)
B-D	20-15=5(千米)
B-E	25-20=5(千米)
C-D	20-10=10(千米)
C-E	25-15=10(千米)
D-E	30-5=25(千米)

将节约里程从大到小进行排列,得到前三名为:

D-E:25千米

C-E:10千米

C-D:10千米

其余节约里程均为5千米。

根据节约里程的大小,考虑先合并节约里程最大的点,再逐步考虑较小的节约里程。但同时需要注意货车的载重量和行驶距离限制。在不考虑考虑车辆调度、装载顺序、时间窗等其他因素的情况下,结合货车的载重量和行驶距离限制,我们可以设计以下配送路线:

第一条路线:S-D-E(使用5吨货车,总载重4吨,行驶距离30千米,满足条件)

第二条路线:S-C-B(使用3吨货车,总载重4吨,行驶距离25千米,满足条件;若考虑安全性,可选择5吨货车但载重不满)

第三条路线:S-A(使用3吨货车,总载重2吨,行驶距离10千米,满足条件)

6.3 逆向物流的实施

虽然电子商务逆向物流与传统供应链的物流反向,但是由于电子商务经常涉及顾客的退换货,逆向物流在电子商务领域也比较常见和重要。实施好电子商务逆向物流必须明确逆向物流的概念、分类和特点,在电子商务逆向物流的典型结构中选择合适的结构进行操作。

6.3.1 逆向物流的概念、分类、特点

1. 逆向物流的概念

逆向物流也称反向物流(reverse logistics),是指与传统供应链反向,对原材料、加工库存品、产成品及相关信息从消费地到起源地的高效率、低成本的流动而进行规划、实施和控制的过程,其目的是恢复物品价值或使其得到正确处置。逆向物流的起点并非仅是消费地,还包括供应链上没被消费的剩余库存;另外,产品也不一定是被送回它们的起源地,

即逆向物流的终点可以是资源恢复链上的任何节点。

其内涵包括以下四个方面：

（1）逆向物流的目的是重新获得废弃产品或有缺陷产品的使用价值，或者对最终的废弃物进行正确的处理。

（2）逆向物流的流动对象是产品、用于产品运输的容器、包装材料及相关信息，将它们从供应链终点沿着供应链的渠道反向地流动到相应的各个节点。

（3）逆向物流的活动包括对上述流动对象的回收、检测、分类、再制造和报废处理等。

（4）虽然逆向物流是指物品的实体流动，但同正向物流一样，逆向物流中也伴随了资金流、信息流及商流的流动。

逆向物流如图6-5所示。图中，以原材料为起点到部件组装、产品配送是一般生产企业到电商企业的正向物流走向，而从产品配送到客户则是电商企业负责的部分，如果客户退回产品，则涉及从客户端反方向流动的逆向物流。在逆向物流中一般电商企业承担的是从客户手中取回商品返回到仓库或者企业接收点，而如何从电商企业逆向流转到生产企业或者废弃点则需要电商企业、供应商、生产企业等各个主体协商确定。

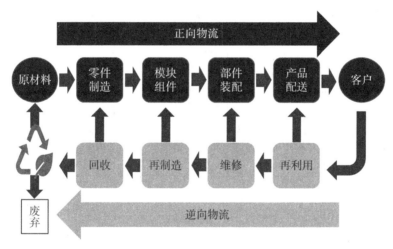

图6-5 逆向物流的产品流动示意图

2. 逆向物流的分类

1）按回收物品的渠道分类

（1）退货逆向物流：下游顾客将不符合订单要求的产品退回给上游供应商，其流程与常规产品流向正好相反。这种逆向物流通常发生在电子商务、零售等行业中，顾客可能因为产品质量问题、尺寸不合适、颜色不符等原因选择退货。

（2）回收逆向物流：将最终顾客所持有的废旧物品回收到供应链上各节点企业。这种逆向物流更侧重于废旧物品的回收再利用，如废旧电子产品、废旧金属、废旧塑料等的回收处理。

2）按逆向物流材料的物理属性分类

（1）钢铁和有色金属制品逆向物流：针对钢铁、铜、铝等金属材料的回收处理。这些材料具有较高的回收价值,通过逆向物流可以实现资源的再利用。

(2)橡胶制品逆向物流:针对废旧轮胎、橡胶管等橡胶制品的回收处理。橡胶制品的回收再利用有助于减少环境污染,同时节约原材料资源。

(3)木制品逆向物流:针对废旧木材、家具等木制品的回收处理。木制品的回收再利用可以减少森林砍伐,保护生态环境。

(4)玻璃制品逆向物流:针对废旧玻璃瓶、玻璃制品等的回收处理。玻璃制品的回收再利用可以降低生产成本,同时减少能源消耗和环境污染。

3)按成因、途径和处置方式及产业形态分类

逆向物流按成因、途径和处置方式及产业形态可以划分投诉退货、终端退回、商业退回、维修退回、生产报废和副产品退回、包装材料和产品载体退回,各类别的退回原因、驱动因素、处理方式、商品实例如表6-5所示。

表6-5　逆向物流按成因、途径和处置方式及产业形态划分的类别

类别	退回原因	驱动因素	处理方式	商品实例
投诉退货	由于产品质量问题或顾客不满意等原因导致的退货	市场营销;客户满意服务	确认检查;退换货补货	手机、移动存储等电子消费品
终端退回	产品在终端使用过程中因损坏、过时等原因被退回	经济;市场营销;法律条例;资产恢复	再生产;再循环	再生产的电子设备、轮胎修复
商业退回	在商业交易过程中,由于库存积压、销售不佳等各种原因导致的退货	市场营销	再使用;再生产;再循环处理	时装、化妆品等零售产品积压库存
维修退回	产品因故障或损坏需要维修而退回给供应商或制造商	市场营销;法规条例	维修处理	有质量问题的家用电器、零部件、手机
生产报废和副产品退回	生产过程中产生的废品、次品或副品等	生产过程的废品和副产品	再循环;再生产	药品行业;钢铁业
包装材料和产品载体退回	产品包装的回收处理	经济	再使用	托盘、条板箱;器皿

3. 逆向物流的特点

逆向物流作为企业价值链中特殊的一环,与正向物流相比,既有共同点,也有各自不同的特点。二者的共同点在于都具有包装、装卸、运输、储存、加工等物流功能。但是,逆向物流与正向物流相比又具有鲜明的特殊性。

1)分散性

逆向物流产生的地点、时间、质量和数量是难以预见的。废旧物资流可能产生于生产领域、流通领域或生活消费领域,涉及各个领域、部门和个人,在社会的每个角落都在日夜

不停地发生。正是这种多元性使其具有分散性。而正向物流则不然，按量、准时和指定发货点是其基本要求。这是由于逆向物流发生的原因通常与产品的质量或数量的异常有关。

2）缓慢性

逆向物流开始时往往数量少、种类多，需要经过不断的汇集才能形成较大的流动规模。同时，废旧物资通常需要经过加工、改制等环节后才能重新被利用，有些物资甚至只能作为原料回收使用。这些过程导致了逆向物流的缓慢性，使其时间跨度相对较长。

3）混杂型

在逆向物流中，不同种类、不同状况的废旧物资常常混杂在一起。这使得回收的产品在进入逆向物流系统时难以明确分类。只有当回收产品经过检查、分类后，其混杂性才会逐渐衰退。这种混杂性要求逆向物流系统必须具备高效的检查和分类能力。

4）多变性

逆向物流的分散性和消费者对退货、产品召回等回收政策的滥用，导致企业很难控制产品的回收时间与空间。这使得逆向物流在处理过程中具有极大的不确定性，处理方式也变得复杂多样。此外，逆向物流技术的特殊性，进一步增加了其多变性。

5）成本相对较高

由于逆向物流的上述特点，其处理过程往往需要花费更多的资源和时间。这不仅增加了仓储、运输和处理的费用，还可能会受到不规范包装等不确定因素的影响，增加了产品正常配送的难度。因此，逆向物流的成本相对较高。

6.3.2 电子商务逆向物流的典型结构

电子商务逆向物流包括开环型和闭环型两种典型结构以及自营模式、联合经营模式和外包模式等多种运作模式。企业可以根据自身情况和需求选择适合的结构和模式来开展逆向物流业务。

1. 系统网络结构

1）开环型网络结构

在开环型网络结构中，逆向物流回收的物品不一定会回到初始制造商，而是可能经过中间处理环节后，流向其他企业或最终处理场所。这种结构适用于回收物品价值较低或处理过程复杂，不适合直接再利用的情况。

2）闭环型网络结构

闭环型网络结构则强调回收物品的回溯性，即回收物品经过处理后再回到原始制造商或相关供应链节点。当产品或其核心部件涉及企业的保密技术时，企业往往会构建闭环型的网络系统来回收再利用废旧产品，以防止技术泄露，保持市场垄断地位。

例如，IBM公司的一些业务，如租赁到期产品的收回、产品返销以及对环境有污染部件的回收等，就构建了闭环型的物流网络系统。

2. 运作模式

1）自营模式

自营模式是指生产企业建立独立的逆向物流体系,自己管理退货和废旧物品的回收处理业务。在这种模式下,企业会建立遍及所有销售区域的逆向物流网络,以便回收各种回流物品,并将其送到企业的回流物品处理中心进行集中处理。

自营模式的优势在于企业能够直接控制逆向物流的全过程,提高处理效率和质量,但也需要投入较大的资金和人力成本。

2）联合经营模式

联合经营模式是指多个企业或行业合作,共同开展逆向物流业务。这种模式可以实现资源共享和优势互补,降低单个企业的运营成本和风险。不过,联合经营也需要各参与方之间的密切协调和配合,以确保逆向物流活动的顺利进行。

3）外包模式

外包模式是指企业将逆向物流业务委托给专业的第三方物流公司进行管理。这种模式可以使企业专注于自身的核心业务,同时利用第三方物流公司的专业能力和资源来优化逆向物流流程。但是,外包模式也可能导致企业对逆向物流的控制力减弱,企业需要谨慎选择合作伙伴并加强监管。

实践应用

近年来,某电子产品配件销售电商公司自有直播业务取得较大发展,加上公司大力投入电商广告营销,带动所有电商销售业务快速发展,但随之而来的是退货率和客户投诉率的上升。为了提高客户满意度、降低运营成本并优化供应链管理,公司决定自建一套高效的逆向物流系统。该系统旨在快速处理退货、维修和召回等逆向物流业务,提升整体运营效率和客户体验。

逆向物流方案设计如下。

1. 系统目标

快速响应:缩短退货处理时间,提升客户满意度。

成本控制:优化逆向物流成本,降低仓储和运输费用。

数据分析:通过数据分析优化退货政策,减少非必要退货。

环保、可持续:促进资源回收再利用,减少环境污染。

2. 逆向物流流程图的设计

逆向物流流程图如图6-6所示。

3. 主要环节说明

消费者提交退货申请:消费者通过电商平台提交退货申请,需填写相关信息(如订单号、退货原因等)或者授权平台自动获取信息。

电商平台审核退货申请:平台对退货申请进行审核,确认退货原因是否合理,是否符合退货政策。

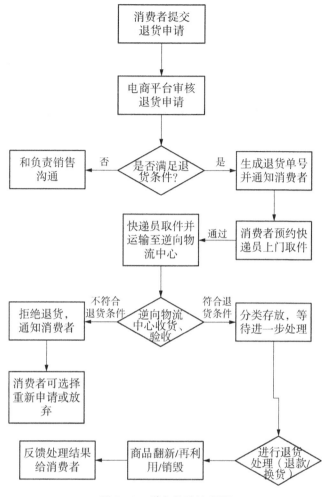

图6-6　逆向物流流程图

生成退货单号并通知消费者：审核通过后，生成退货单号，并通过短信或APP信息弹窗通知消费者。

消费者预约快递员上门取件：消费者根据系统提示预约快递员上门取件时间。

快递员取件并运输至逆向物流中心：快递员按时上门取件，并运输至公司自建的逆向物流中心。

逆向物流中心收货、验收：物流中心对退回商品进行验收，判断是否符合退货条件。拒收不符合条件的商品并通知消费者；分类存放符合条件的商品。

进行退货处理：对符合条件的退回商品进行进一步处理，如退款、换货等。

商品翻新/再利用/销毁：对退回商品进行翻新、再利用或销毁处理，以节约资源，减少环境污染。

反馈处理结果给消费者：将退货处理结果及时反馈给消费者，增强消费者的信任度和满意度。

4. 技术支持

信息化系统：建立信息化系统，实现退货申请、审核、处理、反馈等全流程的数字化管理。

数据分析：利用大数据技术对退货数据进行深入分析，识别退货原因和趋势，为优化退货政策和流程提供依据。

智能仓储：采用智能仓储技术，提高仓储效率和准确性，降低仓储成本。

📖 思考与练习

1. 选择题

（1）在电子商务物流中，以下哪项不是新型物流模式？

A. 第三方物流　　　　　　　　　　B. 电子物流

C. 第四方物流　　　　　　　　　　D. 智能物流

（2）电子商务配送管理中，以下哪项不是配送线路的设计原则？

A. 时效满足原则　　　　　　　　　B. 线路最短原则

C. 线路无交叉原则　　　　　　　　D. 成本最大化原则

2. 判断题

（1）电子物流和第四方物流（云物流模式）都是新型物流模式，它们都依赖于先进的信息技术。

（2）在电子商务物流运输管理中，运输成本占比越高，说明运输效率越低。

3. 简答题

简述电子商务物流运输管理的基本原理。

4. 计算题

你是一家电子商务公司的物流经理，需要计算运输成本占比以评估运输效率。以下是相关数据：

总销售额：1 000 万元

总运输成本：150 万元

总仓储成本：100 万元

总订单量：20 000 单

计算运输成本占比，并计算如果公司希望将运输成本占比降低到 10％，需要降低多少运输成本。

项目 **7**

精打细算:成本管理

 **项目导论**

当前经济形势下电子商务已成为推动全球经济增长的重要引擎。随着市场竞争的日益激烈和消费者需求的不断升级,电子商务企业正面临着前所未有的挑战与机遇。在这样的背景下,供应链成本管理成为了电子商务企业实现可持续发展、提升竞争力的关键因素之一。本章将深入探讨电子商务供应链成本管理的核心概念、重要性、挑战及应对策略,构建一套科学、系统的成本管理框架。

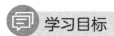 **学习目标**

知识目标

(1) 了解供应链成本、电子商务供应链成本的概念;

(2) 了解供应链成本分析的目的;

(3) 了解供应链成本的类型;

(4) 了解供应链成本核算的目的。

能力目标

(1) 制定简单的供应链成本管理流程并可以分析出成本管理中存在的问题;

(2) 掌握并实际运用供应链成本核算的方法。

素养目标

基于科学原理并采用科学方法对复杂供应链成本管理进行研究,具备较强的调查分析能力、信息及资料搜集和处理能力,遵守相关法律法规和商业道德等规范,结合电子商务企业的具体情况厘清成本管理的流程,发现问题、解决问题并予以改进。

项目导入

京东商城是中国最大的自营式电商平台之一,其供应链成本的管理与控制对于企业的盈利能力和市场竞争力具有至关重要的作用。随着市场竞争的加剧和消费者需求的不断变化,京东不断优化其供应链成本结构,以提升运营效率和服务质量。

采购成本分析:京东作为大型电商平台,其采购成本占据了供应链成本的重要部分。

通过规模化采购和与供应商建立长期合作关系,京东能够在一定程度上降低采购成本。同时,京东还会对供应商的产品质量、价格、交货期等进行严格评估,以确保采购成本的合理性和可控性。

仓储与配送成本分析:京东在全国范围内建立了多个仓储中心和配送站点,以缩短配送时间和提高配送效率。然而,这也带来了较高的仓储和配送成本。为了降低这部分成本,京东不断优化仓储布局和配送路线,采用先进的仓储管理系统和配送技术,提高自动化水平,减少人力成本。

逆向物流成本分析:电商行业的退货率相对较高,逆向物流成本也相应增加。京东通过建立完善的逆向物流体系,如与宝洁等供应商合作开展逆向物流全链路降损项目,实现了退换货产品的快速回收和处理,降低了逆向物流成本。同时,京东还通过优化退货流程、提高退货处理效率等方式,进一步降低了逆向物流成本。

科技研发与营销推广成本分析:为了提升供应链效率和服务质量,京东不断加大科技研发投入,引入先进的技术和系统。这些投入虽然短期内增加了成本,但长期来看有助于提升企业的竞争力和盈利能力。此外,京东还会通过营销推广活动吸引消费者关注和提高品牌知名度,这部分成本也是供应链成本的重要组成部分。

通过京东商城在供应链成本管理方面采取的多项措施,思考和分析一般电商企业在供应链成本管理方面应当开展哪些工作。

7.1 成本分析

电子商务供应链管理人员进行成本分析时,需要先弄清供应链成本和电子商务供应链成本的概念,明确进行供应链成本分析的目的,厘清本公司的供应链成本类型,最终确定好电子商务供应链成本管理的流程,并根据流程持续分析和优化。

7.1.1 供应链成本及电子商务供应链成本的概念

1. 供应链成本的概念

供应链成本指的是在供应链运作流程和周期内全部成本的总和。它涵盖了从原材料采购、生产、分销、销售直至最终送达消费者手中的各个环节所产生的费用。供应链成本的构成复杂,主要包括以下几个方面。

(1) 物料成本:指用于生产产品所需原材料的成本。

(2) 劳动成本:涉及生产过程中的人工费用,包括工资、福利等。

(3) 运输成本:产品从生产地到消费者手中的物流运输费用。

(4) 库存成本:存储和管理库存产品所需的费用,如仓储费、库存损耗等。

(5) 管理成本:与供应链管理和协调相关的费用,如信息系统维护、管理人员薪酬等。

(6) 其他变动成本:如信息成本、资金成本、整合成本及机会成本等,这些成本可能随着市场环境和供应链策略的变化而波动。

供应链成本控制是将供应链上各环节的成本控制在合理范围内，通过优化流程、提高效率和降低损耗来实现整体成本的最小化。这种成本控制方法强调企业间的合作与协调，旨在通过整个供应链的协同努力来实现成本的有效控制。

2. 电子商务供应链成本的概念

电子商务供应链成本是指在电子商务环境下，商品从供应商手中到最终消费者手中所经历的全链条成本。随着电子商务的兴起，供应链成本的概念也进一步扩展，以适应这一新兴商业模式的需求。电子商务供应链成本主要包括以下几个方面的费用。

（1）采购成本：电子商务企业通过线上平台采购商品所需的成本，包括商品本身的价格以及在采购过程中发生的相关费用。

（2）仓储成本：为存储和管理商品而发生的费用，包括仓库租金、仓储设备购置和维护费用等。

（3）物流成本：商品从仓库到消费者手中所需的运输费用，包括快递费、包装费、运输保险等。

（4）信息成本：与电子商务供应链相关的信息技术支持和信息系统维护费用，如电子商务平台的建设和维护、数据分析工具的使用等。

（5）营销成本：电子商务企业为推广商品和服务而发生的费用，包括在线广告费用、促销费用等。

电子商务供应链成本控制的目标是在保证服务质量的前提下，通过优化采购、仓储、物流、信息和营销等各个环节的成本，实现整个供应链成本的最小化。这要求电子商务企业具备高效的供应链管理能力和信息技术支持，以实现对供应链各环节的精准控制和持续优化。

7.1.2　成本分析的目的

电子商务供应链成本分析的目的在于厘清供应链中各环节的成本构成、判断其变化趋势以及它们对整体盈利能力的影响，从而为帮助企业实现成本的最小化、效率的最大化，并为企业制定科学的经营决策提供有力支持。具体而言，电子商务供应链成本分析是为了实现以下目的。

（1）识别成本问题：通过分析供应链各环节的成本数据，可以识别出成本过高的环节或活动，这些环节往往成为制约企业盈利能力和竞争力的短板。

（2）优化成本结构：企业可以根据成本分析结果，对供应链成本结构进行优化调整，例如通过集中采购降低物料成本，优化库存管理，减少仓储费用，或是改进物流流程，降低运输成本。

（3）提升供应链效率：成本分析有助于发现供应链中的低效环节和浪费现象，通过流程再造、技术升级或管理改进等措施，提升供应链的整体效率，进而降低总成本。

（4）帮助优化定价策略：了解产品的成本结构有助于企业制定更具竞争力的定价策略，确保企业的定价在覆盖成本的同时具有吸引力，还能实现合理的利润空间。

（5）增强风险管理能力：通过对供应链成本的分析，企业可以更好地预测和评估潜在的风险因素,如供应中断、价格波动等,从而制定相应的风险应对措施,降低风险对供应链成本的影响。

(6)支持决策制定:成本分析为企业的战略规划和日常运营决策提供了重要的参考依据。例如,在投资决策时,企业需要考虑新投资项目的供应链成本效益;在选择供应链合作伙伴时也需要评估合作伙伴的成本控制能力。

(7)提升客户满意度:电子商务环境中客户的满意度对企业发展至关重要,通过优化供应链成本,企业可以在不影响产品质量和服务水平的前提下,降低成本,从而有更多的空间去提升客户满意度,例如给客户提供更优惠的价格、快速响应客户需求等。

7.1.3 成本的类型

电子商务供应链成本涵盖了平台运营成本、交易成本、物流仓储成本以及其他多个方面的成本。这些成本相互关联、相互影响,共同构成了电子商务供应链的总体成本。在实际运营过程中,电商平台需要综合考虑各项成本因素,通过优化流程、提高效率、降低成本等方式来提升自身的竞争力。

1. 平台运营成本

平台运营成本指的是电商企业进驻电商平台后在运营过程中所产生的各项费用,主要包括以下几个方面。

(1)人力成本:包括平台管理员、客服人员、销售人员、技术人员、市场营销人员等的薪酬支出及相关福利费用。这些人力投入是保证企业在电商平台正常运营的基础。

(2)技术开发与维护成本:随着技术的不断发展,电商平台需要不断升级和优化其技术系统以满足市场需求,其中一部分成本会分担给电商企业,另外为了适应电商平台的技术更新,电商企业自己也需要投入一定的人力财力进行开发与维护。

(3)广告与推广成本:为了吸引更多用户和提高平台知名度,企业需要在电商平台上进行广告宣传、广告投放和营销策划等活动,这些费用构成了广告与推广成本。

(4)其他运营成本:如售后服务成本(维修费用、退货退款费用及客服人力成本)、办公费用、租赁费用等。

2. 交易成本

交易成本指的是在电子商务交易过程中供应链各节点之间的信息沟通等所产生的各种费用,具体包括以下几个方面。

(1)信息搜寻与获得成本:买主和卖主在交易前需要搜集和整理大量信息,获取和处理这些信息需要花费一定的成本。

(2)协商与谈判成本:买卖双方在交易过程中需要进行协商和谈判,以确定交易的具体条款和条件,这些协商和谈判活动也会产生一定的成本。

(3)交易成本与监督成本:为了保障交易的顺利进行,在电子商务的交易中需要根据订单等凭证对交易的执行情况进行监督,例如协调物流进度等,这些活动也会产生一定的成本。

(4)机会成本:由于选择了一种交易方式而放弃了其他可能的交易方式所产生的成本。

3. 物流仓储成本

物流仓储成本指的是从生产加工到产品最终送到客户手中这一过程需要花费的物流费用、仓储费用，是供应链成本不可或缺的一部分。具体包括以下几个方面。

（1）仓储成本：涉及仓库租金、人工费用、设备维护费用等。随着平台规模的扩大，仓储成本也会相应增加。

（2）物流成本：包括运费、包装费用等。物流公司从仓库将用户购买的货品发往用户所在地所产生的费用构成了物流成本的主要部分。

（3）操作费用：服务商进行装卸、搬运、订单处理、发货等操作所收取的费用。这些费用的具体数额因货物类型、数量、操作难度等因素而异。

4. 其他成本

除了上述成本外，电子商务供应链还可能涉及其他成本。

（1）各环节的损耗成本：商品在从生产商或者供应商运输到电商企业的仓库或者平台仓库的过程中，以及在仓库储存的过程中可能发生一定的损耗，这些损耗成本也是供应链成本的一部分。

（2）采购成本：电商平台向供应商采购商品时所产生的费用，包括大货成本和辅料成本等。

（3）包材成本：货品在打包过程中所使用的箱子、塑料袋、气泡袋等包材的费用。这部分成本需要根据快递发货单内的货品数量进行分摊。

（4）其他间接成本：如装卸费、入库服务费、退货快递费等小量且不易平摊的费用。

7.1.4 成本管理的流程

电子商务供应链成本管理是一个系统而复杂的过程，主要包括供应链成本预估、供应链成本计划、供应链成本控制、供应链成本核算和供应链成本分析5个环节。

1. 供应链成本预估

供应链成本预估是在供应链开始运作前，根据有关成本数据和企业实际情况，运用一定的技术方法，对可能产生的各项成本进行预测和估算的过程。这一环节需要综合考虑多个因素，包括市场需求、产品特性、物流条件、供应商价格等。通过历史数据分析和市场趋势预测，企业可以较为准确地预估出供应链各环节的成本，为后续的成本计划和控制提供基础。

2. 供应链成本计划

在成本预估的基础上，企业需要制订详细的供应链成本计划。这一计划应涵盖从原材料采购到产品最终交付给客户的整个供应链过程，包括各个环节的成本预算、资源分配和时间安排等。成本计划需要与企业的战略目标相一致，确保在降低成本的同时不影响产品质量和客户服务水平。

3. 供应链成本控制

成本控制是供应链实际运作过程中最为关键的环节。企业需要通过各种手段和方法，根据计划，对各环节的成本形成过程和影响成本的各种因素进行实时监控和调节，确保成本在计划范围内波动。成本控制的具体措施包括优化采购策略、提高生产效率、降低库存水平、改善物流配送等。同时,企业还需要建立有效的成本控制机制,如成本预警系统、成本绩效考核等,以确保成本控制的有效性和可持续性。

4. 供应链成本核算

供应链成本核算是对供应链实际发生的成本进行归集和分配的过程。这一环节需要准确记录和反映供应链各环节的成本信息,包括采购成本、生产成本、物流成本等。通过成本核算,企业可以清晰地了解供应链成本的构成和分布情况,为成本分析和控制提供依据。

5. 供应链成本分析

供应链成本分析是在成本核算的基础上,运用一定方法对成本进行全面分析和评价的过程。通过对成本核算结果的分析,企业可以发现在供应链成本管理中存在的问题,并制定相应的改进措施以合理控制成本。成本分析可以包括成本效益分析、成本结构分析、成本变动趋势分析等。同时,企业还需要与同行业标杆企业进行对比,找出差距和改进空间,以不断提升供应链成本管理水平。

在具体操作中,企业可以采用滚动预算、成本监控机制、绩效评估等多种手段来加强供应链成本管理。例如,通过滚动预算不断调整和优化成本计划;通过建立成本监控机制实时掌握成本变动情况;通过将成本控制指标纳入绩效考核体系,激励员工积极参与成本控制等。

实践应用

某电子商务公司 E 公司(以下简称"E 公司")的业务近年来迅速扩张,产品种类繁多,市场覆盖广泛。随着业务的扩张 E 公司合作的供应商也不断增多,但其商定的价格有时并不是最优价格,此外由于市场行情的变化,有的商品虽然采购较多但并没有多少销量。随着业务规模的扩大,物流、营销成本也不断增长,物流中心的选址并不方便后续的物流配送。由于物流人员的管理不善,货物有时不能准时送达。另外公司为了追求形象统一打造了纸箱,有时较小体积的产品也必须用大纸箱来装,造成极大浪费。另外由于营销管理人员一直依赖传统广告营销,公司在一些社交平台如小红书、抖音等上几乎没有投入,严重脱离了现在的市场群体。公司平时虽然参加平台的促销活动,自己也经常策划不同的营销活动,但是促销并没有带来较大的利润,这一切都导致近期企业利润率下滑。请从采购成本、物流成本和营销成本 3 个方面分析 E 公司供应链成本管理存在的问题,并提出优化建议。

1. 存在问题分析

1) 采购成本问题

(1) 供应商管理不善:E 公司供应商数量众多,但缺乏有效的评估和筛选机制,导致部分供应商价格高、质量不稳定。

(2) 采购计划不合理:缺乏精准的市场需求预测,导致采购量与实际需求不匹配,出现库存积压或缺货现象。

(3) 谈判能力不足:采购部门在与供应商谈判时缺乏足够的议价能力和谈判策略,未能争取到最优的采购价格。

2）物流成本问题

（1）物流网络布局不合理：仓储和物流中心选址未充分考虑交通便利性和客户分布情况，导致物流成本高昂。

（2）配送效率低下：缺乏智能化的路线规划和配送调度系统，配送时效和成本难以控制。

（3）包装成本过高：包装材料的使用不经济，增加了运输重量和成本，同时也不利于环保。

3）营销成本问题

（1）营销渠道单一：过度依赖传统广告营销，未充分利用社交媒体、内容营销等低成本高效益的营销方式。

（2）营销效果不佳：广告投放缺乏精准定位，导致广告浪费和转化率低下。

（3）促销活动频繁：频繁的促销活动虽然能提升销量，但也会压缩利润空间，增加营销成本。

2. 优化建议

1）采购成本优化

（1）加强供应商管理：建立供应商评估体系，定期对供应商进行评审和筛选，与价格合理、质量稳定的供应商建立长期合作关系。

（2）优化采购计划：采用先进的预测模型，精准预测市场需求，制订科学合理的采购计划，避免库存积压和缺货现象。

（3）提升谈判能力：加强采购部门培训，提高议价能力和谈判策略，争取更优惠的采购价格和条件。

2）物流成本优化

（1）合理布局物流网络：综合考虑交通便利性、顾客分布等因素，优化仓储和物流中心选址，降低物流成本。

（2）提升配送效率：引入智能化路线规划和配送调度系统，减少行驶里程和空载率，提高配送效率。

（3）节约包装成本：采用轻量化、环保的包装材料，合理设计包装方案，降低包装成本和运输重量。

3）营销成本优化

（1）多元化营销渠道：充分利用社交媒体、内容营销等低成本高效益的营销方式，注意在用户流量池较大的小红书、抖音、快手等平台投入营销广告，争取与头部、腰部博主合作做好软广告营销，扩大品牌影响力。

（2）精准营销：通过数据分析工具精准定位目标客户群体，制定有针对性的营销策略，提高广告转化率和投资回报率。

（3）优化促销活动：减少频繁促销活动对利润空间的压缩，通过提高产品质量和服务水平来提升客户满意度和忠诚度。

7.2 成本核算

供应链成本核算是成本管理的关键环节,进行成本核算必须首先明确进行成本核算的目的,再采取符合本企业实际情况的方法进行核算。

7.2.1 成本核算的目的

成本核算的目的不仅在于降低成本、提高效益,更在于为企业的管理决策、供应链协同和遵守法律法规提供有力支持。因此,电子商务企业应高度重视供应链成本核算工作,不断提升核算的准确性和科学性。

1. 控制成本,提高盈利

通过对供应链各个环节的成本进行详细核算,企业可以清晰地了解成本的构成,进而识别出成本节约的潜力点。这有助于企业采取有针对性的措施,如优化采购策略、降低物流成本、提高生产效率等,实现成本的精准控制。

成本核算的直接目标是降低整体成本,而成本的降低将直接转化为利润的增加。通过有效的成本核算,企业可以更加合理地定价,提高市场竞争力,进而提升盈利能力。

2. 帮助企业优化决策

成本核算为企业的管理决策提供了重要的数据支持。基于成本核算的结果,企业可以更加科学地制订生产计划、采购计划、销售计划等,确保各项决策的合理性和有效性。同时,在供应链扩张或升级过程中,企业需要投入大量资金。成本核算可以帮助企业评估这些投资的预期回报,从而做出更加明智的投资决策。

3. 加强供应链协同

成本核算要求供应链各环节之间共享信息,这有助于加强供应链协同。通过信息共享,供应链各成员可以更加紧密地合作,共同降低成本,提高供应链的整体效率。

此外,成本核算的透明性有助于供应链各成员之间建立信任关系。当各方都了解成本的真实情况时,更容易达成共识,形成长期稳定的合作关系。

4. 满足法律法规要求

成本核算涉及企业税务处理。通过准确的成本核算,企业可以确保税务处理的合法合规性,避免税务违规的风险。成本核算也是企业应对外部审计检查的重要内容之一。通过完善的成本核算体系,企业可以更加自信地面对审计挑战。

7.2.2 成本核算的方法

1. 实际成本法

实际成本法,指企业将各项生产经营成本按照实际数额进行计算并反映的一种成本计算方式。它主要关注实际发生的成本,旨在更准确地反映企业的真实成本状况。

在企业运营过程中,各项生产经营活动产生的成本都需要被准确计算和反映。实际成本法强调对每一项成本进行真实、准确的记录，确保成本的完整性和真实性。存货的计价以购入的实际成本为基础，不考虑计划成本或估计成本。运用实际成本法计算时，产品的成本按实际生产过程中发生的直接材料成本、直接人工成本和制造费用等直接计入产品成本。

2. 计划成本法

计划成本法是指企业将存货的日常收入、发出和结存按预先制定的计划成本计价，并设置"材料成本差异"账户以登记实际成本与计划成本的差异，月末再通过对存货成本差异的分摊，将发出存货和结存存货的计划成本反映为实际成本的一种核算方法。

采用这一方法，要首先设定各项成本的预期或计划值，再与实际发生的成本进行比较，从而评估成本控制的有效性。但具体计算方法可能因企业而异，且通常与预算管理紧密相关。

计划成本法通常涉及预先设定或计划的成本标准，用于比较和控制实际成本。然而，在电子商务供应链成本核算中，它可能不是最直接的方法，因为该方法更侧重于预算和控制，而非成本核算本身。

3. 标准成本法

标准成本法，又称标准成本会计，是指以预先制定的标准成本为基础，将标准成本与实际成本进行比较，核算和分析成本差异的一种产品成本计算方法，也是加强成本控制、评价经济业绩的一种制度。

运用标准成本计算时，标准成本的制定是关键，标准成本包括单位产品标准成本和实际产量的标准成本。单位产品标准成本是基于产品的标准消耗量和标准单价计算的，而实际产量的标准成本则根据实际产品产量和成本标准计算。通过比较标准成本与实际成本，分析成本差异，可以实现成本控制和业绩评估。

4. 定额成本法

定额成本是根据某一日期（如当月一日）所确定的各种成本项目的耗费定额、当期费用预算和其他有关资料计算的一种预计成本。定额成本法是企业为了及时地反映和监督生产费用和产品成本脱离定额的差异，加强定额管理和成本控制而采用的一种成本计算方法。

运用定额成本法计算时，首先制定产品的消耗定额、费用定额和定额成本，将其作为降低成本的目标。在生产费用发生的当时，将符合定额的费用和发生的差异进行分别核算，月末在定额成本的基础上加减各种成本差异，计算产品的实际成本。

5. 作业成本法

作业成本法，也叫 ABC 法，是以作业为基础的成本计算方法，它以作业为间接费用归集对象，通过资源动因的确认、计量，归集资源费用到作业上，再通过作业动因的确认、计量，归集作业成本到产品或客户上。

依据"作业消耗资源，产品消耗作业"的原理，企业在生产或提供服务过程中消耗的资源首先被分配到各作业中，形成作业成本；再根据作业成本与成本对象之间的因果关系，分配到成本对象上，最终计算出产品或服务的成本。传统成本计算法与作业成本计算法的比较如图 7-1 所示。

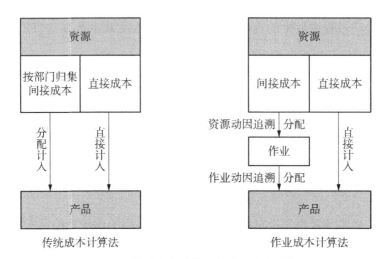

图 7-1　传统成本计算法与作业成本计算法

1）应用步骤

作业成本法的应用步骤如下。

（1）明确目标和范围：确定实施作业成本法的目标和范围，包括要分析的活动、涉及的部门和时间范围等。

（2）资源识别与作业认定：识别生产或服务过程中消耗的资源，并认定这些资源所支持的作业。

（3）作业成本库的建立：根据资源动因将资源成本分配到各项作业，形成作业成本库。

（4）成本动因分析：分析作业成本与成本对象之间的因果关系，确定成本动因。

（5）成本分配：根据成本动因将作业成本库中的成本分配到产品或服务中。

（6）结果呈现与报告：将分析结果以图表、报告等形式呈现出来，为决策者提供决策支持。

2）在电子商务供应链中的应用

在电子商务供应链中，作业成本法的应用可以帮助企业更精确地核算和控制成本，提高供应链管理的效率和效果。

（1）识别关键作业：通过分析供应链流程，识别出对成本影响较大的关键作业，如仓储、配送、客户服务等。

（2）优化作业流程：根据作业成本法提供的信息，识别出作业流程中的浪费和非增值环节，并采取措施进行优化。

（3）合理分配资源：通过作业成本法，企业可以更准确地了解各项作业的资源消耗情况，从而更合理地分配资源，提高资源利用效率。

（4）制定成本策略：基于作业成本法的分析结果，企业可以制定更合理的成本策略，如成本控制、成本降低或成本转移等。

6. 生命周期成本法

生命周期成本法是一种考虑产品从设计、生产、销售到最终废弃的整个生命周期内所有相关成本的核算方法。

该方法需要对产品生命周期内的各个阶段进行成本估算,包括设计成本、生产成本、营销成本、维护成本以及废弃处理成本等。通过将这些成本加总,得到产品的全生命周期成本。然而,在电子商务供应链成本核算中,生命周期成本法可能不是直接应用于每个交易或订单的成本核算,而是用于更长期的产品管理和决策分析。

7. 目标成本法

目标成本法是一种以市场为导向的成本管理方法,旨在在产品开发阶段将成本控制在可接受的水平。它强调在产品设计阶段进行成本管理和控制,通过跨部门协作实现成本优化。

运用目标成本法进行核算时,首先预测未来的市场需求和竞争状况,然后确定产品的目标成本(即预计可实现的销售收入减去目标利润后的成本)。在产品设计和开发过程中,不断调整和优化设计方案,以确保产品的实际成本不超过目标成本。这种方法有助于企业在产品开发阶段就考虑到成本因素,提高产品的市场竞争力和盈利能力。

实践应用

某电子商务公司 E 公司(以下简称"E 公司")主营业务是销售时尚服饰及配件。在 2021 年之前,该公司一直采用传统的物流成本核算方法。由于间接成本分摊不合理,无法对客户进行有效的盈利性分析,公司无法为客户提供具有竞争力的报价,导致客户的流失量较大、维护费用较高,公司的利润水平一直无法提高。自 2021 年开始,公司以作业成本法等新的核算理论作为指导,对成本核算的方法进行改进。根据客户的物流作业活动,准确计算物流成本,不仅为物流服务的报价提供依据,而且可以对具体的物流作业过程进行更准确的成本控制,进而使企业获得成本上的优势。

为了识别并界定 E 公司的主要物流作业,统计各作业消耗的资源价值,现需将资源成本根据资源动因分配到各物流作业,将物流作业成本根据作业动因分配到具体的物流服务或产品中,最后编制供应链成本核算报告。

详细数据及运用作业成本法的分析步骤如下。

1. 确定物流作业

E 公司的主要物流作业包括以下流程。

订单处理:接收、确认和处理客户订单。

仓储管理:库存管理、商品验收、入库、出库等。

包装作业:商品包装、贴标、打包等。

运输配送:商品从仓库到客户的运输及配送。

客户服务:处理客户咨询、投诉及退换货等。

2. 资源识别与计量

据统计,E公司本月各项资源消耗如下(单位:元)。

工资总额	电力费用	折旧费用	办公费用	运输费用	其他费用(如信息系统维护等)
300 000	50 000	120 000	40 000	150 000	30 000

3. 资源动因分配

工资费用:根据各作业人员数量分配。

电力费用:根据各作业区域用电量分配。

仓储管理区域用电量大,分配比例高。

折旧费用:按专用固定资产归属分配。

该公司的工资费用具体分配如下。

作 业	订单处理	仓储管理	包装作业	运输配送	客户服务
人数(人)	6	10	4	8	6
分配额(元)	52 941.18	88 235.29	35 294.11	70 588.24	52 941.18

4. 作业动因分配

订单处理:以订单处理份数为动因,本月共处理订单10 000份。

仓储管理:以库存商品数量为动因,本月平均库存商品数量为10 000件。

包装作业:以包装件数为动因,本月共包装商品5 000件。

运输配送:以运输配送次数为动因,本月共配送5 000次。

客户服务:以客服处理事件数为动因,本月共处理客户咨询、投诉等事件1 000次。

5. 供应链成本报告编制

供应链成本报告编制如下。

一、总览

本月E公司总物流成本为790 000元,具体分配如下:

物流作业	成本动因	成本动因量	作业成本(元)
订单处理	订单处理份数	10 000	120 000
仓储管理	库存商品数量	10 000	250 000
包装作业	包装件数	5 000	100 000
运输配送	运输配送次数	5 000	200 000
客户服务	客服处理事件数	1 000	120 000

二、成本分析

(1) 仓储管理成本占比较高,主要原因在于库存商品数量大且管理复杂。建议优化库存结构,减少不必要的库存积压。

(2) 运输配送成本次之,建议考虑更高效的运输方式及配送路线优化,减少运输距离和成本。

(3) 订单处理和客户服务成本相对较低,但仍需关注效率提升,减少处理时间。

三、优化建议

1) 仓储管理优化

库存周转率提升:通过大数据分析预测销售趋势,合理调整库存水平,减少滞销品库存,提高库存周转率。

仓库布局优化:根据商品流动频率和存储需求,重新规划仓库布局,提高拣选和存储效率。

采用自动化技术:引入自动化仓储设备,如自动分拣系统、AGV(自动引导车)等,减少人力成本并提高作业准确性。

2) 运输配送优化

物流网络优化:根据订单分布和运输需求,优化物流网络布局,减少中转环节,缩短运输时间。

智能调度系统:采用智能调度系统,根据实时路况、车辆状态等信息,动态调整配送路线和计划,提高配送效率。

物流合作伙伴:与多家物流公司建立长期合作关系,通过竞争和合作机制,降低运输成本并提升服务质量。

3) 订单处理与客户服务优化

订单处理自动化:利用 ERP 系统或订单管理系统,实现订单处理的自动化和流程化,减少人工错误和延误。

客户服务升级:建立多渠道客户服务体系,包括在线客服、电话客服、社交媒体客服等,提高客户响应速度和满意度。

数据分析与反馈:定期对客户反馈和订单数据进行分析,识别问题和改进点,不断优化订单处理流程和客户服务体验。

4) 跨部门协同

建立跨部门沟通机制:加强销售、仓储、运输、客服等部门之间的沟通与协作,确保信息流通顺畅,提高整体运营效率。

绩效考核与激励机制:建立基于物流作业成本的绩效考核体系,将物流成本节约与员工绩效挂钩,激励员工积极参与成本控制和效率提升。

技术创新与应用:在仓储和运输环节引入物联网技术,实现商品的实时追踪和监控,提高物流透明度和安全性。利用大数据分析技术,对物流数据进行深度挖掘和分析,为决策提供有力支持。

四、结论

通过物流作业成本法的应用,E公司能够更准确地核算和控制物流成本,发现成本节约的潜力点,并提出有针对性的优化建议。未来,E公司应持续关注物流成本的动态变化,不断优化物流作业流程和技术应用,以降低成本,提高效率,增强市场竞争力。同时,加强跨部门协同和员工激励,确保物流优化措施的有效实施和持续改进。

思考与练习

1. 选择题

(1) 电子商务供应链成本管理流程中,哪个步骤是最后进行的?

A. 供应链成本预估   B. 供应链成本计划

C. 供应链成本控制   D. 供应链成本分析

(2) 在电子商务供应链成本核算方法中,以下哪项不是实际应用的方法?

A. 实际成本法   B. 计划成本法   C. 标准成本法   D. 预测成本法

2. 判断题

(1) 电子商务供应链成本分析的目的之一是降低成本。

(2) 作业成本法只适用于制造业企业,不适用于电子商务企业。

3. 简答题

简述电子商务供应链成本管理的重要性。

4. 计算题

你是一家电子商务公司的财务分析师,需要使用作业成本法计算物流作业成本。以下是相关数据:

订单处理成本:每单5元

拣选成本:每单10元

包装成本:每单15元

运输成本:每单20元

退货处理成本:每单25元

总订单量:1000单

请使用作业成本法计算总物流作业成本,并计算每单的平均物流作业成本。

项目 **8**

创新力量:信息技术管理

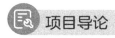 **项目导论**

电子商务供应链信息技术管理是指利用现代信息技术手段,对电子商务供应链各个环节进行集成、优化和管理的过程。随着互联网的迅猛发展和电子商务的普及,企业间的竞争逐渐转变为供应链与供应链之间的竞争,电商供应链也将继续加速数字化转型。在这个背景下,电商平台将实现供应链管理的智能化、自动化和精细化,电子商务供应链信息技术管理的重要性日益凸显。本章将从电子商务供应链的信息管理和技术应用两个方面进行论述,以期为企业在复杂多变的市场环境中优化供应链管理提供理论指导和实践指南。

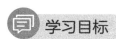 **学习目标**

知识目标
(1) 了解供应链信息的概念;
(2) 了解供应链信息系统的构成;
(3) 了解电子商务供应链信息技术的定义;
(4) 了解供应链信息系统的功能;
(5) 掌握电子商务供应链信息技术的含义、特点和应用场景。

能力目标
(1) 掌握电子商务供应链信息五大系统及其功能,能在实践中运用好这些系统工具;
(2) 应用供应链信息技术管理知识为电子商务企业设计供应链信息技术解决方案。

素养目标
能够基于科学原理并采用科学方法对电子商务供应链信息技术管理相关问题进行研究,具备较强的信息搜集能力和问题分析处理能力。

项目导入

亚马逊的电子商务供应链信息管理技术是其成功的关键因素之一。通过各种供应链信息技术的引入与创新,亚马逊实现了供应链的高效、可靠和精确管理,为全球消费者提供了卓越的购物体验。这些技术和策略不仅提升了亚马逊的竞争力，也为其他企业提供了宝贵的借鉴和启示。

亚马逊实行JIT的库存管理模式，通过预测需求、准确采购和供应链的协同管理，降低了库存成本和风险。其智能库存管理系统利用大数据分析和机器学习算法，对销售数据进行深度挖掘，以预测未来需求，并据此调整库存水平。这种智能化的库存管理方式不仅减少了库存积压，还确保了商品能够及时满足市场需求。

亚马逊使用高效的信息技术系统来跟踪商品流动、库存状况和订单处理情况，实现供应链的透明度和可视化。这些系统包括订单管理系统、库存管理系统、物流跟踪系统等，它们之间通过数据接口实现无缝对接，确保了信息的实时传递和共享。特别是在物流运输方面，亚马逊采用了实时跟踪和智能路径规划技术。通过GPS和物联网技术，亚马逊能够实时监控货物的运输状态，确保货物能够按照最优路径快速送达。这种技术不仅提高了物流效率，还降低了运输成本。此外，亚马逊还利用数据分析技术来预测客户的潜在需求，并提前做好准备，以提供更加个性化的服务。

亚马逊还通过不断引入新技术来优化供应链管理。例如，近年来亚马逊引入了机器学习和人工智能技术来优化库存管理和物流运输，提高供应链的预测准确性和处理效率。此外，亚马逊还推出了全托管供应链服务，为卖家提供更加高效、便捷的物流解决方案。

8.1 信息管理

电子商务企业进行供应链信息管理一般会运用到信息管理系统，因此供应链管理人员除了要弄清供应链信息的概念、供应链信息系统的构成和功能这些基本知识，最重要是要选择好电子商务供应链信息系统，并根据系统特点加以应用，必要时可以将多种信息系统组合使用。

8.1.1 供应链信息的概念

1. 供应链信息的含义

供应链信息是指在供应链各环节中产生、传递和处理的，与供应链活动相关的数据、资料及知识。它是一个综合性的概念，涵盖了从原材料采购、生产、加工、分销直到商品最终到达用户手中的全过程所产生的所有信息。这些信息不仅包括物流信息（如产品的位置、数量、状态等），还包括资金流信息（如交易金额、支付方式等）、信息流（如订单、预测、库存报告等）以及相关的业务数据和知识。

2. 供应链信息的特点

供应链信息主要具有以下特点。

（1）信息来源多：供应链信息来源于供应链的各个环节和各个参与主体，包括供应商、制造商、分销商、电商企业以及最终客户等。这些主体在供应链活动中产生和传递信息，形成了供应链信息的多元化来源。

（2）信息范围广：供应链信息涵盖了供应链活动的各个方面，从原材料的采购到最终产品的交付，以及与之相关的资金流、信息流和业务数据等。这些信息共同构成了供应链的整体信息框架。

（3）信息量大：随着供应链规模的扩大和复杂性的增加，供应链信息呈现出爆炸式增长的趋势。大量的数据和信息需要被及时、准确地处理和传递，以支持供应链的顺畅运行。

（4）更新速度快：供应链中的信息是动态变化的，随着市场需求的波动、供应链活动的推进以及外部环境的变化，供应链信息需要不断更新以反映最新的情况。这种快速更新的特点要求供应链信息系统具备高效的数据处理能力和实时性。

（5）客户服务导向：供应链信息的处理和传递最终是为了满足客户的需求。因此，供应链信息具有明确的客户服务导向性。通过及时、准确地提供供应链信息，企业可以更好地了解客户需求、优化供应链流程、提高客户满意度和忠诚度。

（6）协同性：供应链信息的管理需要各个参与主体之间的紧密协同和配合。通过共享供应链信息，各个主体可以更好地了解彼此的情况和需求，从而实现供应链的协同优化和整体效益的提升。

8.1.2　供应链信息系统的构成

供应链信息系统是一个复杂而全面的综合性体系，它涵盖了硬件、软件、数据库和人员等多个方面，集成了企业从采购原材料到最终将产品销售给用户的全部活动，形成一个无缝的流程。这些要素相互协作，共同为供应链的顺畅运作提供了有力支持。

1. 硬件

硬件是供应链信息系统的基础设施，它提供了系统运行所需的物理支持。除了必要的计算机之外，硬件还包括以下设备。

（1）服务器：作为供应链信息系统的核心处理单元，负责存储和处理大量数据，并提供应用程序的运行环境。

（2）存储设备：用于存储各种数据，如产品信息、订单信息、供应商信息等，确保数据的可靠性和安全性。

（3）网络设备：如交换机、路由器等，用于连接各个硬件设备和应用程序，提供数据传输和共享的基础支持，确保信息在供应链各节点间的高效流通。

（4）其他辅助设备：如扫描仪、RFID 设备、打印机等，用于数据采集、标签识别和单据打印等，提高供应链信息系统的自动化水平。

2. 软件

软件是供应链信息系统的灵魂，它实现了供应链各环节的信息化管理和协同作业。软件主要包括系统软件、应用软件和中间件。

（1）系统软件：如操作系统、数据库管理系统等，用于系统的管理、维护、控制及程序的装入和编译等工作，为供应链信息系统提供基本的运行环境和数据管理能力。

（2）应用软件：包括各种业务管理软件，如供应商管理、采购管理、库存管理、销售管理、配送管理等,这些软件通过特定的逻辑和流程设计,实现了供应链各环节的自动化和信息化管理。

(3)中间件:用于连接各种应用程序和数据库,提供数据传输和共享的支持,确保供应链信息系统中各个组件之间的无缝协作。

3. 数据库

数据库是供应链信息系统的数据存储中心,它负责存储和管理供应链各环节的数据信息。数据库主要包括关系型数据库、非关系型数据库和数据仓库。

(1)关系型数据库:如 MySQL、Oracle 等,用于存储结构化数据,如产品信息、订单信息等。

(2)非关系型数据库:如 MongoDB、Redis 等,用于存储非结构化或半结构化数据,如图片、视频、日志等。

(3)数据仓库:面向主题的、集成的、稳定的、不同时间的数据集合,用以支持供应链管理中的决策制定过程,如销售分析、库存预测等。

4. 人员

人员是供应链信息系统的重要组成部分,他们负责系统的设计、实施、维护和运营,主要包括系统分析人员、系统开发人员、系统维护人员、系统操作人员和管理人员。

(1)系统分析人员:负责需求分析、系统规划和设计等工作,确保系统能够满足业务需求。

(2)系统开发人员:负责系统的编码、测试和部署等工作,确保系统的质量和性能。

(3)系统维护人员:负责系统的日常维护和故障处理等工作,确保系统的稳定运行。

(4)系统操作人员:负责系统的日常操作和数据录入等工作,确保系统的正常使用。

(5)管理人员:包括项目经理、业务主管等,负责系统的整体管理和决策,确保系统的目标和业务目标一致。

8.1.3 供应链信息系统的功能

供应链信息系统的功能涵盖了从交易系统、管理控制、决策分析到制定战略规划等多个层面。通过这些功能的协同作用,企业能够实现对供应链的全面管理和优化,提高运营效率和客户满意度。

1. 交易系统

交易系统是供应链信息系统的基石,负责处理供应链中的日常交易活动。交易系统以正式的规则、程序,标准化的沟通和庞大的交易量为特点,确保了供应链中各个交易环节的顺畅进行。其主要功能包括以下三个方面。

(1)订单处理:接收、处理和跟踪客户订单,包括订单录入、库存分配、订单筛选、发货等环节。

(2)定价与结算:确定产品价格,进行财务结算,确保交易过程的顺畅进行。

(3)客户服务:提供客户查询服务,使客户能够随时了解订单状态和交货计划。

2. 管理控制

管理控制功能主要关注供应链的绩效评估和资源使用率的管理。管理控制功能通过提供实时的绩效反馈和资源管理信息，帮助管理者做出更明智的决策。它具体包括以下三个方面。

(1) 绩效评估：对供应链中的成本、客户服务、生产力、质量和资源管理措施等进行评估，以提供反馈和改进方向。

(2) 库存与需求管理：根据需求预测和库存计划，判断库存是否充足，预测潜在需求是否超出企业运作能力的限制，并做出相应调整。

(3) 流程监控：对供应链中的各个流程进行监控，确保流程的顺畅和效率。

3. 决策分析

决策分析功能就是利用软件工具对供应链中的数据进行深入分析，以指导未来的业务运作。其主要有以下三个特点。

(1) 灵活决策：不受固定框架的限制，能够考虑各种不同的方案和可能性。

(2) 数据分析：运用统计和预测模型，对供应链中的历史数据和市场趋势进行深入分析。

(3) 决策支持：为管理者提供决策支持和建议，帮助他们制定更有效的供应链战略。

4. 制定战略规划

战略规划是供应链信息系统的最高层次，它注重来自信息的支持，不断对供应链和物流战略进行完善。战略规划功能为企业提供了明确的发展方向和目标，有助于企业在激烈的市场竞争中保持领先地位。它具体包括长期规划、战略调整和战略协同。

(1) 长期规划：根据市场趋势、竞争环境和企业内部资源，制定长期的供应链战略规划。

(2) 战略调整：根据市场变化和企业发展需要，对供应链战略进行适时调整和优化。

(3) 战略协同：促进供应链中各个环节之间的协同工作，提高整体供应链的响应速度和竞争力。

8.1.4 五大核心系统

电子商务供应链信息系统通常包括五大核心系统：ERP（Enterprise Resource Planning，企业资源计划）、OMS（Order Management System，订单管理系统）、WMS（Warehouse Management System，仓库管理系统）、TMS（Transportation Management System，运输管理系统）以及CRM（Customer Relationship Management，客户关系管理系统）。这些系统各自承担着不同的功能，它们共同协作以优化电子商务供应链的运作效率。以下是各系统的功能概述。

1. ERP

ERP是供应链信息系统的核心，它协调各个子系统之间的数据交互，确保信息的准确性和一致性。电子商务供应链的ERP系统是一个集成化综合性的信息管理平台，它将企业的各个业务流程（如销售、采购、库存、财务等）集成在一个平台上，实现数据的实时共享和流程的无缝对接,为企业的运营提供全面的支持。通过 ERP 系统,电商企业可以更加高效地管理供应链中的各个环节,提高运营效率,降低成本,增强市场竞争力。

在电子商务供应链中,ERP 系统主要有以下功能。

(1) 库存管理:实时监控库存水平,预测库存需求,避免缺货或过剩库存的问题;支持智能补货预测,优化库存结构,降低库存成本;跨渠道库存管理,确保线上线下库存数据的一致性。

(2) 采购管理:实现采购流程自动化,包括采购需求确认、供应商选择、采购下单、交付周期管理等;进行供应商管理,评估供应商绩效,优化供应商选择;控制采购成本,实时监控和分析采购成本,降低采购成本并提高采购效率。

(3) 订单管理:自动抓取电商平台的订单信息,进行订单合并、拆分、审核,确保订单处理高效准确;跟踪订单状态,包括订单的生成、跟踪、处理和结算等环节;订单数据统计分析,为企业决策提供数据支持。

(4) 财务管理:自动核算成本利润,生成财务报表,提供决策支持;账务自动化处理,包括账单支付、发票开具、成本利润分析等;税务合规及风险控制,保障企业的财务稳健和规范运营。

(5) 客户关系管理:客户信息管理,包括客户的基本信息、订单信息、交易记录等;订单跟踪与管理,提高客户订单处理的效率和准确性;售后服务管理,包括客户投诉处理、订单退换货管理、客户满意度调查等,提升客户忠诚度。

(6) 物流管理:与多家物流公司对接,自动化打印运单,跟踪物流状态,提升发货效率。支持订单分拣、包装和配送等处理流程,实现物流流程的自动化和标准化。

2. OMS

OMS 系统主要用于对电子商务中的订单进行全面管理和追踪,其主要有以下功能。

(1) 整合来自多个渠道(如官网、第三方电商平台、线下门店等)的订单信息,降低管理复杂度。

(2) 支持订单的自动分配、审核、发货等流程,减少人工干预。

(3) 实时跟踪订单状态和物流信息,提供订单修改、发货、退换货等功能。

(4) 根据客户的购买记录和偏好提供个性化的订单服务,如推荐相关商品、定制化物流服务等。

随着电商行业的不断发展和技术的不断进步,OMS 系统也在不断更新迭代。未来,OMS 系统将更加注重智能化和自动化的发展,通过引入人工智能、大数据等先进技术,实现更加精准、高效的订单管理和决策支持。同时,OMS 系统还将更加注重与其他系统的集成和协同,如与 WMS、TMS 等系统的无缝对接,共同构建更加完善的电商供应链体系。

3. WMS

WMS 系统通过计算机技术和信息管理手段,对仓库内的物流、库存、订单等进行全面管理。它提供入库管理、出库管理、库存盘点、库存调拨等功能,确保仓库内活动的高效、准确进行。其主要有以下功能。

(1) 实时跟踪和管理仓库内的库存数量、位置和状态。

(2) 管理货物进入和离开仓库的过程,包括接收、检验、上架、拣选和打包等。

(3) 优化拣选和包装流程,提高订单处理速度和准确性。

(4) 根据需求和库存情况优化库存布局和管理策略,提高库存利用率和周转率。

WMS 与 OMS 紧密集成,OMS 将订单信息传递给 WMS,WMS 根据订单信息进行库存管理和出入库操作,并将库存信息回传给 OMS。这样,OMS 就能实时跟踪订单状态并反馈给客户,同时根据库存情况调整订单分配策略或反馈交付时间。

4. TMS

TMS 系统,即运输管理系统。TMS 系统负责管理和优化货物的运输和配送过程,包括运输计划的制订、运输车辆的调度、运输路线的优化、运输费用的计算以及运输过程的监控等。其主要功能包括:

(1) 制订和优化货物运输计划,包括路线选择、车辆分配等。

(2) 管理和优化运输成本,包括运输费用、燃料成本等。

(3) 实时追踪货物在运输过程中的位置和状态。

(4) 生成和分析运输数据和报告,以评估运输绩效和做出改进。

OMS 将订单信息(如订单编号、客户信息、产品信息、发货地、收货地等)传递给 TMS,TMS 根据订单信息制订运输计划,安排运输车辆,进行运输操作,并将运输信息回传给 OMS 和客户。

5. CRM

CRM 系统,即客户关系管理系统,CRM 系统旨在管理和分析客户互动,改善商业关系,提高客户满意度和忠诚度。它提供客户数据管理、销售管理、市场营销自动化和客户服务支持等功能。

CRM 系统虽然不直接参与电子商务供应链的物流运作,但它在维护客户关系、提升客户满意度和忠诚度方面发挥着重要作用。同时,CRM 系统也可与 ERP、OMS 等系统集成,实现客户数据的共享和业务流程的协同。

CRM 系统的主要功能包括:

(1) 收集、整合和存储客户信息,建立全面的客户档案。

(2) 支持销售团队的日常工作,包括潜在客户开发、销售机会跟踪等,以及市场活动的策划和执行。

(3) 提供客户服务热线、在线支持等渠道,及时解决客户问题,提升客户满意度。

(4) 对客户数据进行分析和挖掘,为企业的市场策略、销售策略和服务策略提供数据支持。

电子商务供应链的 ERP、OMS、WMS、TMS、CRM 系统可以在内部相互协作(如图 8-1 所示)。CRM 系统提供客户数据和市场情报给 ERP 系统;ERP 系统作为核心,协调各个子系统的数据交互和业务流程;OMS 系统处理客户订单,并将订单信息传递给 WMS 和 TMS;WMS 系统负责仓库内的物流管理,TMS 系统负责货物的运输管理。

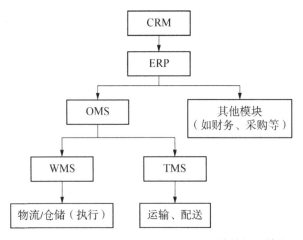

图 8-1　ERP、OMS、WMS、TMS、CRM 系统的相互协作

实践应用

某知名电子商务企业 X 电商(以下简称"X 电商"),专注于时尚服饰、家居用品及电子产品等多元化商品的在线销售。随着业务规模的不断扩大,X 电商供应链管理难度增加,主要面临着以下问题。

(1)库存积压与缺货并存:由于商品种类繁多,库存预测难度大,导致部分商品库存积压,而另一部分商品则经常缺货。

(2)订单处理效率低:在销售高峰期,订单量激增,但现有的订单处理系统无法快速响应,导致订单处理延迟。

(3)物流配送不准确:物流配送过程中,由于商品信息种类繁多,不能熟练应用供应链管理相关信息技术,造成了信息不对称的问题,导致配送延误、错发漏发等情况时有发生。

(4)客户关系管理不足:由于所售产品比较混杂,公司对于某些领域的产品并不是特别熟悉,缺乏有效的客户关系管理系统,难以收集和分析客户数据,以制定精准的营销策略。

针对上述问题,为了保持市场竞争力并实现可持续发展,X 电商决定设计并实施一套全面的供应链信息技术方案,以优化其供应链管理流程,提升运营效率和客户满意度。

(1)首先进行需求分析与规划,与管理层及相关部门深入沟通,明确项目需求和目标,制定详细的实施方案和时间表。

(2)系统选型与定制:根据需求分析结果,选择适合的 ERP、OMS、WMS、TMS 和 CRM 系统,并进行必要的定制化开发以满足特定需求。

① 升级 ERP 系统,整合财务管理、采购管理、库存管理等核心业务模块,实现数据集中管理和实时监控。通过智能算法优化库存预测,减少库存积压和缺货的现象,降低库存成本。

② 部署 OMS 订单管理系统,实现订单信息的快速录入、处理、跟踪和反馈。实现

OMS与ERP系统的无缝对接,确保订单数据的准确性和一致性。支持智能分配订单到最合适的仓库和物流渠道,提高订单处理效率。

③ 实施WMS仓库管理系统,实现仓库内货物入库、存储、出库等全过程的自动化和信息化管理。采用RFID、条码等技术进行货物追踪,提高库存准确性和管理效率。支持多种库存盘点方式,确保库存数据的实时更新和准确性。

④ 部署TMS运输管理系统,实现对运输计划的制订、车辆调度、路线优化和运输过程的监控,并且将TMS与OMS和WMS系统集成,实时获取订单和库存信息,确保运输任务的准确执行。采用GPS定位技术,实时监控运输车辆的位置和状态,提高物流配送的准确性和及时性。

⑤ 引入CRM客户关系管理系统,收集和分析客户数据,为精准营销提供支持,实现客户信息管理、销售机会管理、客户服务管理等功能,提升客户满意度和忠诚度。通过数据分析,挖掘客户需求和购买行为,为产品开发和营销策略制定提供决策支持。

(3) 将各个系统模块进行集成,并进行全面的功能测试和性能测试,确保系统稳定可靠。

(4) 对员工进行系统操作培训,确保他们能够熟练使用新系统。在测试通过后,正式上线运行。

(5) 根据系统运行情况收集用户反馈,持续优化系统功能和性能;定期进行系统维护和升级,确保系统始终处于最佳状态。

8.2 信息技术的应用

进行电子商务供应链信息技术的应用,要明确电子商务供应链信息技术的定义,根据各项电子商务供应链信息技术的特点和应用场景,运用适合本企业的信息技术处理实际问题。

8.2.1 信息技术的定义

在供应链各个环节应用现代信息技术手段,可以实现对供应链各环节的信息化、自动化和智能化管理,提高供应链的响应速度、降低运营成本、提升服务品质和客户满意度。供应链信息技术是供应链现代化的重要标志,也是供应链发展较快的领域。具体来说,电子商务供应链信息技术主要包括以下几个方面:

(1) 自动识别技术,如条形码技术和射频识别技术(Radio Frequency Identification, RFID)。这些技术能够实现快速、准确而可靠地采集数据,为物流管理提供有力的技术支持。

(2) 电子数据交换技术(Electronic Data Interchange,EDI)是一种将标准的经济信息通过通信网络传输,在贸易伙伴的电子计算机系统之间进行数据交换和自动处理的技术。

(3) 互联网与电子商务技术。电子商务供应链离不开互联网的支持,通过互联网服务平台,可以实现供应链交易过程的全程电子化,彻底变革传统的上下游商业协同模式。这包括供应商、制造商、仓库、配送中心和渠道商等构成的物流网络的全面整合,以及商流、资金流、信息流、物流等多个方面的协同管理。

(4)数据集成与共享技术。在电子商务供应链中,需要集中协调不同企业的关键数据,如订货、预测、库存状态、缺货状况、生产计划、运输安排等数据通过 EDI、物联网等技术手段,可以实现供需链上的信息集成和共享,便于管理人员迅速、准确地获得各种信息,提高供应链的响应速度和效率。

8.2.2 信息技术的含义、特点和应用场景

电子商务供应链信息技术涉及多个领域,这些技术共同作用于供应链的各个环节,可以提高效率、降低成本并提升客户满意度。

1. 条码技术

条码技术是一种自动识别技术,条形码技术通过光电扫描设备识读条形码符号,实现机器的自动识别和数据的快速、准确录入和自动化处理。

条码技术的优点是:能够迅速识别并录入数据;降低人为错误,提高数据准确性;可实现数据的自动化处理。在电子商务供应链中,条码技术广泛应用于物流管理、库存管理、商品追踪等领域。

2. EDI 技术

EDI 技术是一种将企业间交易信息通过通信网络进行标准格式传输和自动处理的技术。EDI 的应用能够有效减少甚至消除贸易过程中的纸面单证,实现"无纸交易",提高交易效率和准确性。其工作方式如图 8-2 所示。

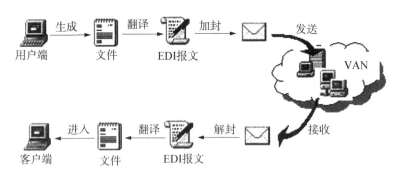

图 8-2 EDI 的工作方式

EDI 技术采用国际或行业标准的数据格式,可以减少人工干预,实现交易的自动化处理,采用加密传输,确保数据安全,具有标准化、自动化、安全性的特点。

在供应链信息系统中主要应用于订单处理、发票交换、库存查询等供应链交易过程。

3. RFID 技术

RFID 技术是一种非接触式的自动识别技术,通过无线射频方式进行非接触双向数据通信,达到识别目标和数据交换的目的。

RFID技术的优点是：可实现远距离识别，无需接触即可读取标签信息；可快速识别多个标签；标签可嵌入物体内部，不易损坏，具有耐用性。

RFID技术主要用于库存管理、物流追踪、商品防伪等。

4. 电子产品代码

电子产品代码（ElectricProductCode，EPC）是与全球标准代码条形码相对应的射频技术代码，能够识别具体对象并提供附加信息。

EPC具有唯一性，每个代码都代表一个唯一的物品；除了基础信息外，还提供产地、历史等附加信息。

在电子商务中主要用于供应链追溯、库存管理、防伪验证等。

5. 地理信息系统

地理信息系统（Geographic Information System，GIS）是一种对空间信息进行分析和处理的计算机系统，能够将地理信息与数据库操作集成在一起。

GIS技术结合多种数据源进行综合分析，具有较强的空间分析能力，提供强大的空间数据处理和分析功能，并且可以通过地图形式直观展示地理信息，实现可视化表达。

GIS技术可以帮助物流运输路线规划、仓库位置选择、供应链风险管理等。

6. 全球定位系统

全球定位系统（Global Positioning System，GPS）是一种通过卫星提供位置、速度和时间信息的导航系统。

GPS技术提供全球范围内的定位服务，定位精度可达几米甚至更高，在物流系统中可以实时更新位置信息。

GPS技术广泛应用于电子商务供应链管理中进行车辆追踪、货物运输监控、紧急救援等。

7. 创新技术

1）物联网

物联网（Internet of Things，IoT）是通过信息传感设备将各种物品与互联网连接起来，实现智能化识别和管理的一种网络。

IoT技术通过各种传感器全面感知物理世界的信息，利用互联网实现信息的可靠传输，并可以通过云计算等技术对数据进行智能处理和分析。

IoT在电子商务供应链中可以帮助企业实现智能仓储、智能物流管理。

2）大数据

大数据是指无法在一定时间范围内用常规软件工具进行捕捉、管理和处理的数据集合。

大数据技术的数据规模巨大，远超传统数据库处理能力，且数据类型繁多，包括结构化、半结构化和非结构化数据，但是数据价值密度相对较低，需要通过分析挖掘发现潜在价值。

在电子商务供应链管理中，大数据在帮助电商企业进行供应链预测分析、消费者行为分析、库存优化等方面起到至关重要的作用。

3）区块链

区块链是一种去中心化、分布式账本技术，通过加密算法保证数据不可篡改和可追溯。

区块链技术的优点是：没有中心化的管理机构，数据由网络节点共同维护；具有透明性，所有数据对网络中的节点都是可见的；安全性较高，采用加密算法确保数据安全和不可篡改。

区块链技术主要用于供应链追溯、食品安全监管、跨境贸易等。

4）人工智能

人工智能（Artificial Intelligence，AI）是研究、开发用于模拟、延伸和扩展人的智能的理论、方法、技术及应用系统的一门新的技术科学。

AI技术具有较强的自适应性，能够根据环境变化进行自我调整和优化，还可以通过机器学习和深度学习算法不断提高自身性能，并可以为使用者提供比较好的决策建议。

实践应用

某知名电商企业在实体门店销售和各个电商平台都拥有广泛的消费者群体。随着电商与新零售时代的到来，该企业的线上线下销售业务都受到一定冲击。首先是库存系统由于线上线下的销售数据比较复杂，经常不能出现数据更新延迟的情况；有的消费者通过官网、APP、实体店或者第三方电商平台下单时，各个通道的响应速度有所差异，导致某些用户给出物流差评；此外有的客户还反映想要加急配送但又不方便去门店时配送时效得不到保证，而门店在高峰期的结账有时候也需要等待较长时间。请为该企业设计解决这些问题的方案。

该企业可以实行的线上线下全渠道智能化供应链优化策略包括：

1. 库存集中管理与智能调拨

将线上线下的商品库存集中在一个共享的库存池中，通过智能化库存管理系统实时监控库存状态。这种集中管理不仅有助于最大化利用库存资源，还能有效避免库存积压和缺货现象。系统会根据销售数据和市场需求动态调整库存策略，自动进行库存智能调拨，确保各渠道库存充足且平衡。

2. 智能化订单处理系统

采用先进的订单处理系统，如OMS系统，实现订单的自动分配、拣选、打包和发货。这一系统显著减少了人工错误，提高了订单处理效率。系统还支持线上线下订单的统一管理，无论消费者是通过官网、APP、实体店还是第三方电商平台下单，都能得到快速响应和处理。

3. 高效的物流配送网络

提供普通配送、加急配送、定时配送等多种配送方式，满足不同消费者的需求。通过智能物流系统，优化配送路线和运输方式，确保订单能够快速、准确地送达。为提高物流效率，采用RFID、智能仓储等先进技术。另外还在各个门店应用智能货架和自助结账机，减少了消费者在购物高峰期的等待时间,提升了购物体验。

4. 线上线下无缝对接

为确保消费者在任何渠道都能享受到一致的商品信息、价格和服务,通过数字化手段,实现全渠道数据的实时同步和共享。利用大数据和人工智能技术,分析消费者的购物行为和偏好,提供个性化的商品推荐和购物体验。当消费者在线上浏览某款商品时,系统会自动记录其偏好,并在其下次进入线下门店时,通过智能导购系统为其推荐相关产品。

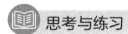 **思考与练习**

1. 选择题

(1) 在电子商务供应链信息系统中,以下哪个系统不负责客户关系管理?

A. ERP B. OMS C. WMS D. CRM

(2) 电子商务供应链信息技术中,以下哪项不是创新技术?

A. 条码技术 B. EDI 技术 C. 区块链 D. AI

2. 判断题

(1) 供应链信息系统的构成包括 ERP、OMS、WMS、TMS 和 CRM。

(2) 物联网技术不能应用于电子商务供应链信息技术中。

3. 简答题

简述电子商务供应链信息技术在提高订单处理效率方面的作用。

4. 计算题

一家电子商务企业希望通过引入 RFID 技术来提高库存管理效率。以下是相关数据:

传统库存盘点时间:每次 4 小时

采用 RFID 技术后,每次盘点时间预计减少到 1 小时

传统盘点频率:每月 2 次

RFID 技术引入成本:10 000 元;

每次盘点节省的人工成本:200 元

请计算引入 RFID 技术后,每次盘点节省的时间;计算一年内通过 RFID 技术节省的总盘点时间;计算一年内通过 RFID 技术节省的总人工成本。判断 RFID 技术的投资回报期。

项目 9

防微杜渐:风险管理

项目导论

在当今快速变化的电子商务环境中,供应链作为连接供应商、制造商、分销商、零售商和最终消费者的桥梁,其稳定性和效率直接关系到企业的市场竞争力和客户满意度。然而,随着全球化的深入和市场竞争的加剧,电子商务供应链面临着前所未有的复杂性和不确定性,包括自然灾害、政治冲突、经济波动、技术故障、供应链中断以及信息安全风险等多种潜在威胁。因此,有效的供应链风险管理成为电子商务企业不可或缺的战略要素。本章节旨在深入探讨电子商务供应链风险管理的相关核心概念、方法和策略,帮助从业者掌握识别、评估、控制和监测供应链风险的有效手段,从而提升电商企业在复杂多变市场环境中的竞争力和韧性。

学习目标

知识目标
(1) 了解供应链信息的概念;
(2) 了解供应链风险的定义;
(3) 了解供应链风险评价的概念;
(4) 了解电子商务供应链风险的类型;
(5) 掌握电子商务供应链风险识别的方法;
(6) 掌握电子商务供应链风险评价的方法;
(7) 掌握电子商务供应链风险应对策略与应用。

能力目标
(1) 运用电子商务供应链风险识别的方法进行简单的供应链风险识别;
(2) 应用电子商务供应链风险评价的方法进行风险评价。
(3) 识别和评价供应链风险并提出风险应对策略。

素养目标
能够基于科学原理并采用科学方法对复杂供应链风险管理问题进行研究,具备较强的信息搜集能力、综合分析能力,并具有较强的实际应用能力。

📋 项目导入

　　某知名洗护品牌在电商平台上拥有广泛的用户群体，其产品包括洗发水、沐浴露、香皂等多个品类，拥有较高的市场份额。然而，随着市场竞争的加剧和供应链复杂性的增加，该品牌面临着来自供应链各个环节的风险。该品牌的供应链由以下几个关键环节组成。

　　(1) 原材料采购：从全球各地的供应商采购原材料，包括油脂、香料、表面活性剂等。

　　(2) 生产制造：在多个生产基地进行产品的生产加工，包括灌装、包装等环节。

　　(3) 物流配送：通过物流公司将产品从生产基地运送到各地的仓库，再分发到电商平台和零售商。

　　(4) 电商平台销售：在多个电商平台开设旗舰店，进行产品的销售和客户服务。

　　为了保障业务的稳定性和可持续发展，该品牌进行了供应链风险评价与识别，对原材料采购风险、生产制造风险、物流配送风险和电商平台销售风险进行了分析。

　　原材料采购风险包括供应商风险和价格波动风险。

　　(1) 供应商风险：供应商可能因经营不善、自然灾害等原因导致破产或供货中断，进而影响原材料供应。

　　(2) 价格波动风险：原材料价格受市场供需关系、汇率变动等多种因素影响，价格波动较大，可能增加生产成本。

　　生产制造风险包括生产线故障和产品质量问题。

　　(1) 生产线故障：生产设备可能因老化、维护不当等原因出现故障，影响生产进度。

　　(2) 产品质量问题：生产过程中可能因配方问题、操作失误等出现产品质量不合格，需进行召回或返工。

　　物流配送风险包括物流延误和物流损失。

　　(1) 物流延误：天气、交通等原因可能导致配送延误，影响产品上架和销售。

　　(2) 物流损失：在运输过程中，可能因包装不当、运输事故等原因造成产品损坏或丢失。

　　电商平台销售风险包括库存管理和市场竞争。

　　(1) 库存管理：库存管理不善可能导致产品缺货或积压，影响销售和库存成本。

　　(2) 市场竞争：电商平台竞争激烈，可能因价格、促销活动等因素导致销量下滑。

　　针对上述风险，该品牌采取了以下应对策略：

　　(1) 供应商多元化：与多个供应商建立合作关系，减少对单一供应商的依赖，降低供应商风险。

　　(2) 原材料价格监控：密切关注原材料价格变动，及时调整采购计划，降低价格波动风险。

　　(3) 生产设备维护：定期对生产设备进行维护和保养，确保生产线的稳定运行。

　　(4) 产品质量控制：加强产品质量检测和控制，确保产品质量符合标准。

（5）物流合作优化：与多家物流公司建立合作关系，优化物流路线和配送方案，降低物流延误和损失风险。

（6）库存管理优化：通过数据分析和预测，优化库存管理，避免缺货和积压。

（7）市场竞争策略：密切关注市场动态和竞争对手，灵活调整价格、促销策略等，保持市场竞争力。

通过对供应链各个环节的风险评价与识别，该洗护品牌全面了解了潜在风险，并采取了相应的策略来降低风险的影响，保障了业务的稳定性和可持续发展，提升了客户满意度和市场竞争力。

9.1 风险识别

进行电子商务供应链风险识别，需要首先明确电子商务供应链风险的定义，判断出企业面临的风险的类型，再根据风险识别的方法识别分析出具体的风险有哪些，为后续的风险评价和应对策略制定做好基础工作。

9.1.1 风险的定义

电子商务供应链风险是指在电子商务供应链运作过程中，由于各种不确定因素的存在，供应链中断、延迟、成本上升或质量下降等负面结果发生的可能性。这些风险可能来源于供应链的内部环节，如供应商、生产商、分销商、物流商等，也可能来自外部环境，如政策变化、自然灾害、市场波动等。

电子商务供应链风险是电子商务环境中不可忽视的重要问题。企业需要充分认识和评估这些风险，并采取相应的风险管理措施来确保供应链的稳定性和可靠性。

9.1.2 风险类型

风险的类型多种多样，包括供应风险、市场风险、物流风险、金融风险、法规与政治风险以及技术风险等。电子商务企业在运营过程中需要全面考虑和应对各种风险类型。

1. 供应风险

供应风险主要源于供应链的脆弱性和不确定性。这包括供应商的质量问题、原材料短缺、生产能力不足、交货延迟或中断、财务危机等风险。例如，供应商可能因自然灾害、设备故障或劳动力短缺而无法按时交付产品，导致电子商务企业的库存短缺，进而影响销售和客户满意度。

2. 市场风险

市场风险主要涉及市场需求的不确定性。消费者需求的变化、市场竞争的加剧以及新产品或服务的推出都可能导致市场风险。例如，如果市场需求突然下降，电子商务企业可能面临库存积压和销售额下降的问题。此外，竞争对手的定价策略、促销活动等也可能对电子商务企业的市场份额和盈利能力产生影响。

3. 物流风险

物流风险是指在电子商务交易过程中,物流环节出现的问题导致的风险。包括物流延迟、货物丢失或损坏、物流费用上升等。物流风险不仅会影响客户的购物体验,还可能导致电子商务企业面临退货、赔偿等额外成本。此外,跨境电子商务还面临海关检查、税费标准不同等物流风险。

4. 金融风险

金融风险主要涉及电子商务交易中的支付和资金流转问题。这包括信用卡盗刷、支付欺诈、洗钱套现等风险。此外,电子商务企业还可能面临汇率波动、融资成本上升等金融风险。这些风险可能导致电子商务企业的资金流失或增加运营成本,进而影响其盈利能力。

5. 法规与政治风险

法规与政治风险是指电子商务企业可能因法律法规变化或政治动荡而面临的风险。这包括电子商务税收政策、消费者保护法规、知识产权法规等的变化。例如,如果电子商务税收政策发生变化,可能导致企业的税负增加。此外,政治动荡也可能导致供应链中断或市场需求下降,进而对电子商务企业产生负面影响。

6. 技术风险

技术风险主要涉及电子商务企业可能因技术更新、网络安全等问题而面临的风险。这包括信息安全风险(如数据泄露、信息被篡改等)、技术更新风险(如电子商务行业技术更新换代迅速,企业无法跟上技术更新的步伐)以及系统稳定性风险等。技术风险可能导致电子商务企业的系统瘫痪、数据丢失或客户信任度下降等问题。

9.1.3　风险识别的方法

德尔菲法和因果分析图法都是有效的电子商务供应链风险识别方法。企业可以根据自身情况和需要选择合适的方法,或者将两种方法结合起来使用,以更全面地识别和应对供应链中的潜在风险。

1. 德尔菲法

德尔菲法是一种有效的风险识别方法,适用于处理原因比较复杂、影响比较重大而又无法用简单分析的方法加以识别的风险。在电子商务供应链风险识别中,德尔菲法的应用步骤如下:

(1)制定风险调查方案:供应链风险管理主体(机构)需要制定出详细的风险调查方案,明确风险调查的内容和目标。

(2)聘请专家:聘请来自不同领域的专家,确保他们具有丰富的行业经验和专业知识。

(3)提出问题并提供资料:通过发调查表的方式向专家提出问题,并提供与供应链运营相关的全面资料,特别是有关供应链运营流程方面的资料。

(4)专家反馈意见:专家们根据调查表所列问题并参考相关资料,提出自己的意见和看法。

（5）汇总并反馈意见：风险管理人员汇集整理专家们的意见，并将不同意见及其理由反馈给每位专家，让他们再次提出意见。

（6）多次反复并收敛意见：这个过程需要多次反复，直到专家们的意见逐渐收敛，趋于一致。

（7）得出最终结果：最后，风险管理人员根据实际需要决定在某点停止反复，并汇总分析专家们的意见，得出基本上趋于一致的结果。

德尔菲法通过集合多位专家的智慧和经验，能够更全面、准确地识别出电子商务供应链中的潜在风险。

2. 因果分析图法

因果分析图法，也称为鱼骨图或石川图，是一种用于识别和分析问题根本原因的方法。在电子商务供应链风险识别中，因果分析图法的应用可以帮助企业更深入地了解风险的来源和影响因素。

（1）确定问题：首先明确要识别的风险问题，如供应链中断、成本上升等。

（2）绘制鱼骨图：绘制一个鱼骨图，将问题，或者导致的结果作为鱼头，将可能的原因作为鱼骨上的分支。鱼骨图示例如图9-1所示。

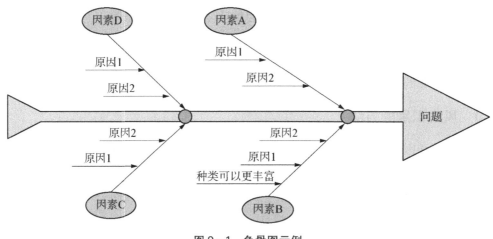

图9-1 鱼骨图示例

（3）列出可能原因：在鱼骨上列出所有可能导致问题发生的原因，这些原因可以来自供应链的内部环节，如供应商、生产商、分销商等，也可能来自外部环境，如政策变化、自然灾害等。

（4）分析原因并确定关键因素：对列出的原因进行分析，确定哪些是关键因素，即那些对问题发生影响最大的原因。

（5）制定应对措施：针对关键因素，制定具体的应对措施，以降低风险发生的可能性或减轻风险带来的损失。

因果分析图法通过直观地展示问题的原因和影响因素，有助于企业更全面地了解风险，并制定出更有效的应对措施。

某电商企业G公司专注于时尚服饰的在线销售，近年来随着经营经验的积累业务规模迅速扩大，物流与库存管理成为其面临的重要挑战。为了有效识别和控制物流与库存方面的风险，该企业决定采用德尔菲法和因果分析图法进行风险识别。

1. 德尔菲法风险识别

步骤一：组建专家小组

邀请来自物流、库存管理、供应链管理、数据分析等领域的专家（至少10名）组成专家小组。

步骤二：第一轮问卷调查

向专家小组发放问卷，要求他们列出物流与库存方面可能面临的主要风险。回收问卷后，对专家们的意见进行汇总和整理。

步骤三：意见反馈与修正

将第一轮问卷调查的结果反馈给专家小组，并要求他们根据反馈进行修正和补充。经过多轮反馈与修正，专家们逐渐达成共识。

步骤四：风险识别结果

通过德尔菲法，专家们识别出以下主要风险：

1）物流风险

（1）配送延迟：由于天气、交通拥堵、物流公司效率等原因导致的配送延迟。

（2）货物丢失与损坏：在运输过程中货物可能因包装不当、搬运粗暴等原因丢失或损坏。

（3）物流成本上升：油价上涨、人力成本增加等因素导致物流成本上升。

2）库存风险

（1）库存积压：市场需求预测不准确，导致部分商品库存积压。

（2）缺货风险：由于供应链中断或销售旺季需求激增，导致关键商品缺货。

（3）库存数据不准确：库存管理系统故障或人为操作失误导致库存数据不准确。

2. 因果分析图法风险识别

将德尔菲法识别出的主要风险作为问题，分别绘制因果分析图，如图9-2所示。

1）物流风险

配送延迟：天气因素（如恶劣天气）、交通因素（如交通拥堵）、物流公司因素（如效率低、管理不善）。

货物丢失与损坏：包装因素（如包装不当、包装材料质量差）、搬运因素（如搬运粗暴、操作不规范）、运输因素（如运输工具故障、运输路线选择不当）。

物流成本上升：油价因素（如油价上涨）、人力成本因素（如人力成本增加）、其他因素（如税费调整、政策变化）。

2）库存风险

库存积压：市场需求预测因素（如预测不准确、市场需求变化）、销售策略因素（如促销

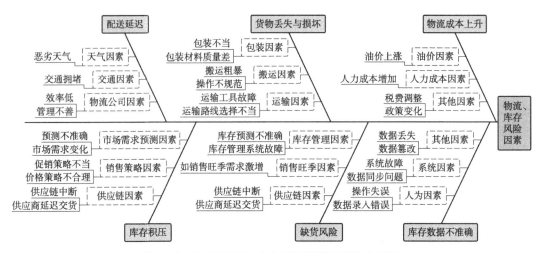

图9-2 G公司物流、库存风险因素的因果分析图

策略不当、价格策略不合理)、供应链因素(如供应链中断、供应商延迟交货)。

缺货风险:供应链因素(如供应链中断、供应商延迟交货)、销售旺季因素(如销售旺季需求激增)、库存管理因素(如库存预测不准确、库存管理系统故障)。

库存数据不准确:人为因素(如操作失误、数据录入错误)、系统因素(如系统故障、数据同步问题)、其他因素(如数据丢失、数据篡改)。

最后,根据因果分析图,分析各风险的原因,并制定相应的风险管理措施。例如,针对配送延迟风险,可以加强与物流公司的合作,提高物流效率;针对货物丢失与损坏风险,可以优化包装设计和搬运流程;针对库存积压风险,可以加强市场需求预测和销售策略的制定等。

9.2 风 险 评 价

电子商务供应链管理人员进行风险评价首先弄清风险评价的相关概念,再采取适合本企业的风险评价方法对已识别的风险进行评价,最后根据评价的结果采取科学合理的风险控制策略,有效应对风险和管理风险。

9.2.1 风险评价的概念

电子商务供应链风险评价是指对电子商务供应链中可能存在的风险进行系统性识别、分析和量化,以确定风险的严重程度、发生概率以及可能带来的影响,从而为风险管理和决策提供科学依据。

电子商务供应链风险评价是一个系统而复杂的过程,它涉及对电子商务供应链中潜在风险的识别、分析、量化以及评估。

风险评价的流程一般包括:

1. 风险识别

通过德尔菲法、因果分析图法等方法,识别出电子商务供应链中可能存在的风险点,如供应商风险、物流风险、市场风险、金融风险、法规与政治风险以及技术风险等。

2. 风险分析

对识别出的风险进行深入分析,了解风险的来源、性质、影响范围以及潜在后果。分析风险之间的关联性,以及风险对整个供应链的影响程度。

3. 风险量化与评估

采用定量评估方法,如风险矩阵法、风险指数法等,对风险的发生概率和影响程度进行量化。通过建立数学模型或利用统计工具,对风险进行量化分析,得出具体的风险值或风险等级。再根据风险量化结果,对电子商务供应链中的风险进行综合评价。评估风险的严重程度、紧急性以及可能带来的经济损失或业务影响。

在进行电子商务供应链风险评价时,需要全面考虑供应链中的各个环节和因素,确保评价的全面性和系统性。在评估过程中,需要尽可能采用客观、准确的数据和方法,避免主观臆断和误导性信息的影响。此外,电子商务供应链风险具有动态性和不确定性,因此需要定期对评价结果进行更新和调整,以适应供应链环境的变化。

9.2.2　风险评价的方法

电子商务供应链风险评价的方法多种多样,其中风险清单法、流程图法和风险矩阵法是三种常用的方法。

1. 风险清单法

风险清单法是通过列出电子商务供应链中可能面临的所有风险,并对每个风险进行描述、分类和评估的一种方法。在构建风险清单时,需要收集和分析大量的统计数据,以了解风险的来源、性质、影响范围以及发生概率。

使用风险清单法首先要通过问卷调查、专家访谈、历史数据分析等方式,收集关于电子商务供应链风险的相关数据;然后,利用统计软件或工具,对收集到的数据进行整理、分析和可视化处理,以揭示风险的分布规律、趋势和关联性;最后根据数据分析结果,对每个风险进行量化评估,确定其发生概率和影响程度。

风险清单法简单明了,易于理解和操作。通过列出所有风险并进行量化评估,有助于企业全面了解供应链中的风险状况,为风险管理决策提供科学依据。

2. 流程图法

流程图法是通过绘制电子商务供应链的流程图,识别和分析供应链中的潜在风险点,并对其进行评估和排序的一种方法。流程图可以根据不同的用途分成关系图、跨功能图和流程图等类型,用于展现供应链中各个环节之间的流程和关系。

用流程图法进行供应链风险评价,第一步,根据供应链的实际情况,绘制出详细的流程图,包括供应商、生产商、分销商、物流商等各个节点的流程和关系;第二步,通过流程图分析,识别出供应链中的潜在风险点,如供应中断、物流延误、市场需求变化等;第三步,对每个风险点进行量化评估,确定其发生概率和影响程度,并根据评估结果进行排序,以确定需要重点关注和优先处理的风险点。

流程图法能够直观地展现供应链中的流程和关系,有助于企业发现潜在的风险点,并进行针对性的风险评估和管理。

3. 风险矩阵法

风险矩阵法是通过将电子商务供应链中的风险按照发生可能性和影响程度进行量化评估,并将其绘制在矩阵图中,以确定风险的优先级和应对策略的一种方法。风险矩阵法能够直观地展现供应链中各个风险点的优先级和应对策略,有助于企业合理分配资源,优先处理高风险点,降低整体风险水平。

应用风险矩阵法的步骤:

(1) 数据收集与整理:收集关于供应链风险的相关数据,包括风险事件的发生频率、影响范围、损失程度等。

(2) 风险评估与量化:对每个风险进行量化评估,确定其发生可能性和影响程度,并将其绘制在风险矩阵图中。风险矩阵图示例如图 9 - 3 所示,图中的横轴表示风险发生可能性、纵轴表示风险影响程度,根据这两项指标将具体的风险划分为 4 种类型。

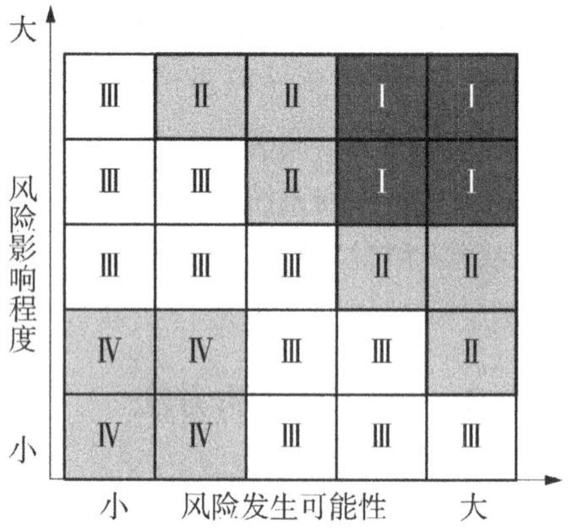

图 9 - 3 风险矩阵图示例

Ⅰ级:非常严重,风险发生可能性和影响程度都很大,需要重点管理。

Ⅱ级:较为严重,风险发生可能性较高但影响程度较低或者风险发生可能性较低但影响程度较高。

Ⅲ级:风险一般,风险发生可能性很低但是影响程度较大或者风险发生可能性很高但是影响程度很小。

Ⅳ级:风险微弱,风险发生可能性和影响程度都很小。

(3) 风险优先级排序:根据风险矩阵图的结果,对风险进行优先级排序,以确定需要重点关注和优先处理的风险点。

(4) 统计监测与反馈:建立风险监测机制,对供应链中的风险进行实时监测和反馈,以及时调整风险管理策略和措施。

在电子商务供应链风险评价中,风险清单法、流程图法和风险矩阵法各有优劣。风险清单法简单明了,易于理解和操作;流程图法能够直观地展现供应链中的流程和关系,有助于发现潜在的风险点;风险矩阵法则能够直观地展现各个风险点的优先级和应对策略。企业可以根据自身情况和需要选择合适的方法进行评价和管理。同时,也可以将这三种方法结合起来使用,以更全面地了解和管理电子商务供应链中的风险。

9.2.3 风险控制策略与应对

电子商务供应链风险应对策略与应用是确保供应链稳定性和业务连续性的关键,主要包括风险回避、风险转移、风险缓解、风险预防、风险自留以及后备措施这六种策略。电子商务供应链风险应对策略与应用是一个复杂而系统的过程,需要企业根据自身情况和市场环境选择合适的策略进行组合应用。通过有效的风险管理措施,企业可以降低供应链中断的风险,确保业务的连续性和稳定性。

1. 风险回避

风险回避是指通过主动避免可能导致供应链中断或损失的风险因素,从而降低风险发生的可能性。在电子商务供应链中,风险回避策略的应用包括:

(1)多元化供应商策略:与多个可靠的供应商建立合作关系,避免过度依赖单一供应商,以降低因供应商问题导致的供应链中断风险。

(2)选择稳定的物流渠道:选择有良好信誉和稳定表现的物流合作伙伴,确保货物能够按时地、安全地送达目的地。

(3)优化库存管理:根据市场需求和供应风险设定合理的库存量,避免库存积压或缺货现象的发生。

2. 风险转移

风险转移是指将电子商务供应链中的部分风险转移给其他实体,以降低自身承担的风险。在电子商务供应链中,风险转移策略的应用包括:

(1)购买保险:通过购买供应链中断保险、货物运输保险等,将部分风险转移给保险公司承担。

(2)外包策略:将部分非核心业务外包给专业的第三方服务提供商,以降低自营风险。

(3)签订风险共担协议:与供应链合作伙伴签订风险共担协议,约定在发生风险时各方承担的责任和义务。

3. 风险缓解

风险缓解是指通过采取措施来减轻风险发生后的影响程度。在电子商务供应链中,风险缓解策略的应用包括:

(1)建立应急响应机制:制定详细的应急响应计划,包括应急小组、通讯渠道、决策流程等,确保在风险发生时能够迅速应对。

(2)加强内部沟通:确保公司内部各部门之间的信息畅通,及时共享供应链中断的相关信息,以便共同应对风险。

(3)优化物流配送网络:根据市场需求和物流成本,优化物流配送网络,提高物流服务的覆盖面和质量,以降低物流风险。

4. 风险预防

风险预防是指通过采取措施来预防风险的发生。在电子商务供应链中,风险预防策略的应用包括:

(1)加强供应商管理:对供应商进行全面的评估,包括财务状况、供货能力、质量控制等,确保供应商的稳定性和可靠性。

(2)引入先进的供应链管理技术:利用物联网、大数据、人工智能等技术手段,实时监控供应链的各个环节,提高供应链的透明度和可见性。

（3）建立风险预警机制：通过监测供应链中的关键指标，及时发现潜在风险，并采取相应的措施进行规避。

5. 风险自留

风险自留是指企业主动承担部分风险，并为此做好充分的准备。在电子商务供应链中，风险自留策略的应用包括：

（1）对于关键物料和高风险物料，建立安全库存，以应对供应中断的风险。

（2）加强供应商筛选和产品质量监控，确保商品质量过关，并提供优质的售后服务，以增强消费者信任和忠诚度。

6. 后备措施

后备措施是指在风险发生时，企业能够迅速切换到备用方案，以确保供应链的稳定性和业务的连续性。在电子商务供应链中，后备措施的应用包括：

（1）设有后备供应商：在主要供应商出现问题时，能够迅速切换到后备供应商，确保货源的充足和稳定。

（2）建立备用仓库：在不同地理位置设立备用仓库，以应对物流设施故障或交通运输中断的情况。

（3）制定备选物流渠道：与多个物流供应商建立合作关系，以便在主物流渠道出现问题时，能够迅速切换到备选物流渠道。

实践应用

某食品电商公司致力于为消费者提供安全、优质的食品产品。随着业务的扩展，供应链风险日益凸显，需要设计一套全面的风险控制方案，以确保供应链的连续性和稳定性。

1. 数据收集

（1）供应商数据：包括供应商的营业执照、生产许可证、历史经营记录、行业声誉、原料质量及食品安全检测报告等。

（2）物流数据：包括运输工具、包装方式、储存条件、运输时效性等。

（3）市场需求数据：包括市场需求波动、消费者偏好变化、销售数据等。

（4）外部环境数据：包括政策、法规、汇率波动、文化差异等。

2. 统计分析

（1）描述性统计分析：对收集到的数据进行初步整理，计算平均值、标准差、最大值、最小值等指标，了解数据的整体分布情况。

（2）相关性分析：利用相关系数或协方差矩阵，分析不同变量之间的相关性，识别潜在的风险因素。

（3）回归分析：建立回归模型，分析自变量（如供应商质量、物流效率等）对因变量（如客户满意度、销售额等）的影响程度。

（4）聚类分析：将供应商或产品按照某些特征进行聚类，识别出高风险和低风险群体。

3. 风险识别与评估

1) 风险识别

(1) 供应商风险:供应商资质不合格、原料质量不达标、生产过程不规范等。

(2) 物流风险:运输延误、货物损坏、清关障碍等。

(3) 需求风险:市场需求波动、消费者偏好变化等。

(4) 外部环境风险:政策变化、汇率波动、文化差异等。

2) 风险评估

(1) 风险概率评估:根据历史数据和统计分析结果,评估每个风险发生的概率。

(2) 风险影响评估:分析风险发生后可能造成的损失,包括经济损失、声誉损失等。

(3) 风险等级划分:根据风险概率和影响程度,将风险划分为高、中、低三个等级。

3) 列出风险矩阵

风险类型	风险概率	风险影响	风险等级
供应商风险	高	高	高
物流风险	中	中	中
需求风险	低	高	高
外部环境风险	中	低	中

4. 风险控制措施

1) 供应商管理

(1) 建立严格的供应商准入制度,对供应商进行全面评估,确保只有符合要求的供应商才能进入供应链。

(2) 定期对供应商进行实地考察和抽样检测,确保其原料质量和生产过程符合食品安全要求。

(3) 与供应商建立紧密的沟通与合作关系,共同推动食品安全管理水平的提升。

2) 物流管理

(1) 要求供应商采用符合食品安全要求的运输工具和包装方式,确保食品在运输过程中不受污染、不变质。

(2) 优化物流配送路线,提高物流效率,确保食品在有效期内送达消费者手中。

(3) 建立物流运输监控系统,实时掌握物流运输情况,及时发现并解决潜在问题。

3) 需求管理

(1) 加强市场调研,了解消费者需求和偏好变化,及时调整产品结构和销售策略。

(2) 建立灵活的生产计划,能够快速响应市场需求的变化。

(3) 加强与客户的沟通和反馈机制,提高客户满意度和忠诚度。

4) 外部环境管理

(1) 密切关注政策、法规的变化,及时调整供应链策略以适应外部环境的变化。

（2）建立汇率风险管理机制，降低汇率波动对企业运营的影响。

（3）加强跨文化交流和培训，提高供应链各环节之间的协同合作能力。

5）应急响应计划

（1）制定完善的风险应急处理预案，对可能出现的风险问题进行预测和防范。

（2）建立快速响应机制，一旦发生风险事件，能够迅速启动应急预案，组织相关部门进行处置。

（3）加强员工培训和演练，提高员工对风险事件的应对能力。

思考与练习

1. 选择题

（1）电子商务供应链风险不包括以下哪项？

A. 供应风险　　　　B. 市场风险　　　　C. 物流风险　　　　D. 操作风险

（2）在电子商务供应链风险评价中，以下哪项不是常用的风险评价方法？

A. 风险清单法　　　B. 流程图法　　　　C. 风险矩阵法　　　D. 德尔菲法

2. 判断题

（1）德尔菲法是一种定性的风险识别方法，主要用于收集专家意见。

（2）风险矩阵法只能用于评价风险的可能性和影响，不能用于其他类型的风险评价。

3. 简答题

简述电子商务供应链风险管理的重要性。

4. 计算题

一家电子商务公司正在评估其供应链中的物流风险。公司收集了过去一年的物流延迟数据，以确定延迟发生的概率和影响。以下是相关数据：

物流延迟的可能性（概率）：10%；每次物流延迟导致的销售损失：50万元；一年内物流延迟发生的次数：5次。

请计算一年内由于物流延迟导致的预期销售损失。请确定物流延迟风险的风险等级，假设风险等级根据预期损失和发生频率来评定：

低风险：预期损失＜100万元

中风险：100万元≤预期损失＜500万元

高风险：预期损失≥500万元

参 考 文 献

［1］ 曾川江,刘变玉.现代物流业与城镇化发展路径研究［J］.中国市场,2020(7)：174－175.

［2］ 孙文红,许多.电子商务环境下供应链协同运作研究［J］.中国电子商务,2012(2):8.

［3］ 秦建勇.关于企业销售实施供应链管理的思考探析［J］.商场现代化,2019(2)：29－30.

［4］ 董莎莎.存货计划成本法的核算探析［J］.中国市场,2018(17):142＋145.

［5］ 王红霞.企业成本控制现状分析及对策研究［J］.中国经贸,2016(16):199－200.

［6］ 白珍珍.价格季节性波动的原材料采购库存优化研究［D］.杭州:浙江工业大学,2013.

［7］ 邵贵平.电子商务供应链管理［M］.北京:人民邮电出版社,2021.

［8］ 李永飞.电子商务供应链管理:微课版［M］.北京:人民邮电出版社,2023.

［9］ 陈平.物流配送管理实务［M］.武汉:武汉理工大学出版社,2007.

［10］ 杨国荣.供应链管理［M］.北京:北京理工大学出版社,2015.

［11］ 马佳.采购管理实务［M］.北京:清华大学出版社,2015.

［12］ 黄双蓉.财经法规与会计职业道德［M］.北京:经济科学出版社.2014

［13］ 王波,刘秋平.采购与供应管理［M］.北京:北京大学出版社,2008.